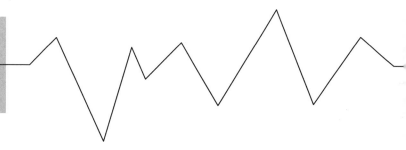

Recht
Wirtschaft
Finanzen

Deutscher
Sparkassenverlag

Helge Herd/Dietmar S. Bärtele
Markt und Mitarbeiter

**Teamorientierte Personalentwicklung
im Bankgeschäft**

Deutscher Sparkassenverlag Stuttgart

Reihe Recht, Wirtschaft, Finanzen
Abteilung Management

Die Deutsche Bibliothek – CIP-Einheitsaufnahme

Herd, Helge:
Markt und Mitarbeiter : teamorientierte Personalentwicklung
im Bankgeschäft / Helge Herd/Dietmar S. Bärtele. –
Stuttgart : Dt. Sparkassenverl., 1996
(Recht, Wirtschaft, Finanzen : Management)
ISBN 3-09-305 867-8
NE: Bärtele, Dietmar S.:

© 1996 Deutscher Sparkassenverlag GmbH, Stuttgart
Alle Rechte vorbehalten
Lektorat: Dr. Sybille Gößl
Satz: typoscript GmbH, Kirchentellinsfurt
Druck und Binden: Thomas Müntzer, Bad Langensalza
Visuelles Konzept: A. Hemm, Typografie Stulle, Stuttgart
Papier: aus 100 % chlorfrei gebleichtem Zellstoff
Printed in Germany
I-12/96 ☎ 305 867 000
ISBN 3-09-305 867-8

Inhaltsverzeichnis

Forderungen nach mehr Qualität über *alle* Bereiche des Unternehmens hinweg, in der Vergangenheit die Domäne einiger weniger Fachspezialisten, haben durch die Markteinbrüche bisher für nahezu unangreifbar gehaltener Vorzeigebranchen (wie z. B. im Automobil- und Maschinenbau) in jüngster Vergangenheit ungeahntes Gewicht erhalten.

Die Folge ist, daß nahezu jeder Organisationsexperte, der etwas auf sich hält, heute »*in Qualität*« macht und der Praktiker einer kaum noch überschaubaren Flut von mit kryptischen Abkürzungen bezeichneten Techniken und Methoden gegenübersteht (die natürlich alle von sich behaupten, die einzig richtige zu sein).

Die Suche nach einem vernünftigen Handwerkszeug kann sich schnell zu einem kostspieligen Abenteuer mit unübersehbaren Folgen entwickeln. Der naheliegende Schluß, vorläufig nichts zu tun und erst einmal abzuwarten, bis sich die Spreu vom Weizen getrennt hat, ist sicher keine Lösung, denn in den Kreditinstituten besteht Handlungsbedarf: Wandlungen im Käuferverhalten in Verbindung mit der EU-Liberalisierung und neuen Techniken des Bankgeschäftes werden in naher Zukunft zu fundamentalen Veränderungen in der Wettbewerbssituation einzelner Institute führen.

Sich darin erfolgreich zu behaupten fordert **einen Typus von Mitarbeitern, der heute nur bedingt zur Verfügung steht.** Es muß daher die Aufgabe einer vorausschauenden Personalentwicklung sein, das vorhandene Mitarbeiterpotential für diese Aufgabe zu gewinnen und zu qualifizieren sowie Nachwuchskräfte behutsam auf diesen Weg zu führen. Dazu bedarf es nicht hochtrabender Worthülsen, sondern einfacher Instrumente – die allerdings durchgängig und konsequent einzusetzen sind.

Der hier vorgestellte Text wendet sich insbesondere an Vorstände und Führungskräfte in mittelständischen Banken und Sparkassen. Während nämlich diese gezwungen sind, Personalpolitik und Personalentwicklung häufig situativ und »aus dem Bauch« heraus zu betreiben, unterhalten große Institute Personalabteilungen in der Stärke von Fußballmannschaften, die in der Lage sind, umfangreiche konzeptionelle Vorarbeiten zur Lösung nahezu jedes anstehenden Problemes zu leisten. Der Praktiker, dem dieser Apparat nicht zur Verfügung steht, benötigt Basisinformationen und technische Unterstützung. *Und er sollte im übrigen seiner Intuition und Erfahrung sowie seinem gesunden Menschenverstand nicht allzusehr mißtrauen.*

Wir wollen versuchen, zunächst einen Überblick über das Umfeld sowie den aktuellen Diskussions- und Entwicklungsstand wesentlicher Bestimmungsfaktoren der Personalentwicklung zu bieten, um dann im zweiten Teil die wichtigsten Instrumente in ihrem Praxisbezug vorzustellen und zu erläutern.

Im allgemeinen Teil unserer Ausführungen werden sicherlich mehr Fragen gestellt als Antworten gegeben. Dies hängt nicht nur mit der Komplexität des Themas zusammen, sondern insbesondere auch mit unseren Bedenken, schwierige Fragestellungen mit allzu einfachen Antworten zu »erschlagen«. Sollten dem einen oder anderen Leser einzelne Feststellungen etwas zu pointiert ausgefallen sein, bitten wir um Nachsicht und bemühen J. G. Seume: *»Kein Lesen ist der Mühe wert, wenn es nicht unterhält«.*

Stuttgart, im Sommer 1996

Eine Anmerkung:
Aus Gründen der Ökonomie und der flüssigen Darstellung (und nur aus diesen Gründen) ist in dem nachstehenden Text fast ausschließlich von Mitarbeitern die Rede. Selbstverständlich sind immer auch in gleicher Weise die Mitarbeiterinnen gemeint.

1 Ausgangslage

1.1 Personalpolitik und Personalentwicklung im historischen Kontext

Die Personalpolitik ist derjenige Teil der Unternehmenspolitik, der sich auf personalwirtschaftliche Entscheidungen hinsichtlich der Beschaffung, des Einsatzes und der Erhaltung von Personal bezieht, wobei ein Interessenausgleich zwischen den primär wirtschaftlichen Zielen der Unternehmensleitung und den Zielen der Arbeitnehmer angestrebt wird.[1]

Diese Begriffsbestimmung der Personalpolitik zeigt bereits einen Konflikt auf, der die Wirtschaft seit Beginn der Industrialisierung begleitet: Nämlich die Entwicklung fundamental unterschiedlicher Interessen zwischen Arbeitnehmern und Arbeitgebern. In der vorindustriellen Handwerkskultur gab es diesen Interessenkonflikt nicht. Die Gesellen und Lehrlinge lebten im Haus des Meisters und waren integraler Bestandteil seines Familienverbundes. Das Können der Mitarbeiter mehrte das Ansehen ihres Meisters, und das Ansehen, das er genoß, wurde ganz selbstverständlich auch auf sie übertragen. Einen Interessenausgleich brauchte man nicht, weil durchgehend gleiche Ziele und Interessen verfolgt wurden.

Mit dem Aufkommen der großen Manufakturen im Zeitalter der Industrialisierung änderte sich das Verhältnis zwischen Arbeitgeber und Arbeitnehmern fundamental: Der (beliebig austauschbare) Beschäftigte wurde zum anonymen und frei disponiblen Produktionsmittel. Zur Erreichung möglichst hoher Stückzahlen bei gleichbleibender Funktionalität bemühte man sich, den Herstellungsprozeß weitestgehend auf Maschinen zu verlagern. Menschen hatten nur die Aufgabe, den Maschinen Material zuzuführen, fertige Produkte weiterzuleiten, die Maschinen durch Pflege und Wartung funktionsfähig zu halten und diese im Verlauf der einzelnen Produktionsschritte dort zu unterstüt-

---

[1] Brockhaus-Enzyklopädie, Mannheim 1991

zen und ggf. zu ersetzen, wo sie ungeeignet oder technisch nicht in der Lage waren, bestimmte Manipulationen vorzunehmen.

Personalpolitik bestand hauptsächlich darin, aus dem Heer von Bewerbern diejenigen auszuwählen, die gesund, leistungswillig und sozial angepaßt waren. Gefordert wurde im wesentlichen die Fähigkeit, wenige angelernte und gleichförmige Tätigkeiten mit einem hohen Maß an Zuverlässigkeit auszuführen. Die Beschäftigten erhielten als Gegenleistung für ihre Arbeit die Mittel zum Lebensunterhalt, ganz im Sinne des Alten Testamentes: *»Wer nicht arbeitet, soll auch nicht essen«* (2. Thess. 3,10).

Und wenn sie nicht mehr in der Lage waren, die geforderte Leistung zu erbringen, wurden sie (ebenso wie funktionsunfähige Maschinen) »ausgesondert« und ersetzt.

Das Verhältnis zwischen Arbeitgebern und Arbeitnehmern war naturgemäß von einer permanenten Konfliktsituation bestimmt. Die Arbeitgeber sahen in der Masse der Arbeitnehmer hauptsächlich ein Störpotential, weil sich diese immer wieder einer mechanistischen Steuerung entzogen. Sie waren aufgrund von Krankheiten und Unfällen unzuverlässig, und sie waren teuer, da ständig neue Lohnforderungen erhoben wurden – also alles in allem ein höchst unvollkommener Maschinenersatz und damit ein den Kern der kapitalistischen Wirtschaft als eine *»Veranstaltung zum Zwecke der Gewinnerzielung« (Sombart)* behinderndes Element.

Der Traum der Arbeitgeber war daher die ausschließlich von Maschinen bevölkerte automatische Fabrik, frei von aufmüpfigen und schwer zu steuernden Arbeitern. Ein Ziel, das übrigens auch heute noch angestrebt wird – allerdings auch unter dem Vorwand, die Beschäftigten von schweren, schmutzigen und gefährlichen Arbeiten befreien zu wollen. (Leider nicht selten mit dem Ergebnis, daß diese von jeglicher Arbeit »befreit« werden.)

Die Arbeitnehmer hingegen sahen im Unternehmer den blutsaugerischen Ausbeuter, der nur eines im Sinn hatte, nämlich für möglichst viel Arbeit möglichst wenig zu bezahlen und dadurch möglichst hohe Profite einzustreichen.

Im »kaufmännischen« Bereich war die Situation nur dem ersten Anschein nach anders. Der *Commis* oder *Handlungsgehilfe* genoß zwar ein höheres Sozialprestige, da seine Tätigkeit eine gewisse Ausbildung und Fachkenntnisse erforderte. Er war aber gleichermaßen nur ein ausführendes Organ, das vorbestimmte Tätigkeiten in möglichst kurzer Zeit und fehlerlos auszuführen hatte und keine innere Bindung an die zu leistende Arbeit besaß.

Durch diese Fremdbestimmung wurde er auch seinen Kollegen entfremdet, weil eine ggf. notwendige Zusammenarbeit nicht aus eigenem Antrieb erfolgte und persönliche Beziehungen als nicht erwünscht galten – sie könnten ja womöglich die Autorität der Vorgesetzten beeinträchtigten. Der Arbeitsalltag war vom Prinzip des Befehls und Gehorsams bestimmt, für freies und eigenverantwortliches Handeln blieb kein Raum.

Durch die zunehmende Komplexität der Erzeugnisse und Anwendungen stiegen im Zuge der weiteren Industrialisierung die Anforderungen an das Wissen und Können der Arbeitnehmer – und damit die Notwendigkeit, sie aufgrund ihres Fachwissens und ihrer Detailkenntnisse in die betrieblichen Gestaltungsprozesse mit einzubeziehen.

Der bereits von Adam Smith formulierte (und von *F. W. Taylor* und *F. B. Gilbreth* zur »Serienreife« entwickelte) Grundgedanke extremer Arbeitsteilung beherrschte dennoch bis weit in die sechziger Jahre unseres Jahrhunderts die Szene und unterstützte gemeinsam mit dem heute noch üblichen und aus der Gedankenwelt des 18. Jahrhunderts stammenden Modell der Linienorganisation das klassische Managementprinzip des *divide et impera*. Begriffe wie oben und unten, Vorgesetzter und Untergebener bestimmen immer noch die Arbeitswirklichkeit vieler Unternehmen.

Es mag scheinen, daß insbesondere die Rolle der Arbeitgeber in diesem kurzen Abriß in einem zu düsteren Licht geschildert wird. Es gab weiß Gott rühmliche Ausnahmen, stellvertretend für viele sei nur Robert Bosch genannt, der bereits 1906 in seinen Betrieben den 8-Stunden-Tag einführte und ein hohes Maß an patriarchalisch geprägter sozialer Verantwortung für seine Mitarbeiter empfand.

Dennoch, der Verteilungskampf zwischen Arbeit und Kapital, der ein ganzes Jahrhundert industrieller Entwicklung prägte, hat tiefe Spuren in die Köpfe seiner Protagonisten eingeschliffen und bestimmt auch heute noch – mehr oder weniger verdeckt – die Diskussion.

11

Die Personalentwicklung als ein Element der Personalpolitik war in ihren Ursprüngen nichts anderes als die Fortsetzung herkömmlicher Personalarbeit mit anderen Mitteln und umfaßte die gesamte betriebliche Bildungsarbeit (angefangen von der Werksbücherei zur »*geistigen Entwicklung und sittlichen Erhebung der Werktätigen*«). Ihr Ziel war der fachlich versierte und sozial angepaßte Mitarbeiter, der mit entsprechenden Bildungsangeboten an das Unternehmen gefesselt werden sollte. Ihren Höhepunkt fand diese Entwicklung in der Phase der *Human Relations*, in der versucht wurde, die Bauernregel, daß besonders glückliche Kühe besonders viel Milch geben, auf die Mitarbeiterführung zu übertragen, und man glaubte, daß Firmenkurse über Ikebana oder Sorbische Hochzeitstänze den Leistungswillen der Mitarbeiter ins Unermeßliche steigern.

Eine Beschreibung der Personalentwicklung, die in etwa den derzeitigen Diskussionsstand widerspiegelt, lautet:»*Personalentwicklung kann definiert werden als Inbegriff aller Maßnahmen, die der individuellen beruflichen Entwicklung der Mitarbeiter dienen und ihnen unter Beachtung ihrer persönlichen Interessen die zur optimalen Wahrnehmung ihrer jetzigen und künftigen Aufgaben erforderlichen Qualifikationen vermitteln*« *(Mentzel).*[2]

Immerhin ein Hinweis auf ein nach wie vor latentes Konfliktpotential zwischen Unternehmensführung und Mitarbeitern, das zu beseitigen vordringliches Ziel jeglicher Personalarbeit sein sollte. Inhalt einer den heutigen Erfordernissen entsprechenden Personalentwicklung kann daher nur sein, neben der Förderung der beruflichen Qualifikation durch geeignete Maßnahmen die Interessen und Ziele der Mitarbeiter mit denen des Unternehmens **in Einklang zu bringen.**

Wer Personalentwicklung nicht als soziales Feigenblatt, sondern als wesentliches Element zur Zukunftssicherung begreift, sollte nie vergessen: An der bereits erwähnten Beschreibung eines Unternehmens als *Veranstaltung zum Zwecke der Gewinnerzielung* führt kein Weg vorbei. Ein Unternehmen braucht wirtschaftlichen Erfolg. Und dieser Erfolg kann – insbesondere in einem Dienstleistungsunternehmen – nur gemeinsam mit den

---

[2] Wolfgang Mentzel, Unternehmenssicherung durch Personalentwicklung, Freiburg i. Br., 6. Aufl. 1994

Mitarbeitern erzielt werden. Ein Blick in die Geschichte besonders erfolgreicher Unternehmen zeigt, daß diese deshalb so erfolgreich waren, weil es herausragende Führungspersönlichkeiten verstanden haben, eine Idee zu vermitteln und ihre Mitarbeiter für die Erreichung dieser Idee zu **gewinnen.**

Selbstverständlich besteht auch weiterhin ein natürliches Spannungsverhältnis zwischen den Produktionsfaktoren *Kapital* und *Arbeit* (und wird auch in Zukunft bestehen bleiben). Es wäre töricht, davon auszugehen, man könnte die Masse hauptsächlich mit ausführenden Tätigkeiten befaßter Arbeitnehmer so ohne weiteres für die Erreichung der aus ihrer Sicht abstrakten Ziele ihres Unternehmens begeistern.

Sie arbeiten zunächst einmal nicht für den Betrieb, sondern im Betrieb. Für sie ist ihre Berufstätigkeit in erster Linie Mittel zum Lebensunterhalt und ihr Interesse beschränkt sich auf ihr unmittelbares Arbeitsumfeld, die Sicherung ihres Arbeitsplatzes sowie die Verbesserung ihres Einkommens. Der Gedanke, daß Gewinne neben der Mehrung des Einkommens der Kapitalgeber auch und ganz wesentlich zur Zukunftssicherung des Betriebes durch Investitionen gebraucht werden, ist nicht leicht zu vermitteln. Dabei kann man es auf eine ganz einfache Formel bringen: Nur wenn es dem Unternehmen gut geht, kann es auch seinen Arbeitnehmern gut gehen. Ich möchte hinzufügen: Und nur wenn die Arbeitnehmer *wollen*, daß es dem Unternehmen gut geht, wird es ihm auf Dauer wirklich gut gehen.

Richtige Personalentwicklung zu betreiben bedeutet daher, neben der fachlichen Qualifizierung einzelner einen umfassenden Denk- und Entwicklungsprozeß in Gang zu setzen. Es muß gelingen, bei Mitarbeitern *und* Führungskräften verkrustete hierarchische Denkstrukturen aufzubrechen und einen *gemeinsamen* Willen zum Erfolg herzustellen. Dies ist der eigentliche Inhalt der Personalentwicklung. Und so gesehen ist sie nicht administratives Werkzeug zur Pflege der personellen Ressourcen, sondern eine der wichtigsten Kernaufgaben der Unternehmensleitung und ihrer verantwortlichen Führungskräfte.

1.2 Standort Deutschland – Risiko und Chance

In den Industrieländern Europas dominierte bis in die achtziger Jahre im Bereich der Finanzdienstleistungen eine Verwaltungs- und Verteilungsmentalität das wirtschaftliche Geschehen, die im wesentlichen durch überschaubare Wettbewerbsstrukturen und kontinuierlich wachsende Märkte gezeichnet war. *Markt* war etwas Abstraktes, Indifferentes, das weit mehr Eingang in die Hochglanzbroschüren der Geschäftsberichte als in die eigentliche Tagesarbeit fand. Kunden wurden schon mal als *Antragsteller* angesehen, Kredite *gewährt* oder *eingeräumt*. Und Anlagen wurden *hereingenommen*. Man könnte die Aufzählung dieses durchaus erhellenden Vokabulars noch lange fortsetzen.

Davon ist heute nicht mehr viel zu spüren. Durch die rasante Entwicklung der Kommunikationstechnik, durch neue innovative Finanzprodukte sowie durch die Liberalisierung der Finanzmärkte nicht nur innerhalb der EU befinden sich Banken und Sparkassen in einer Phase des Umbruches. Anbieter aus dem Non- und Near-Bank-Bereich drängen auf den Markt, und neue Vertriebsformen (Strukturvertriebe, Telefonmarketing, Direktbanken, Electronic Banking usw.) nagen an den Rändern von bisher für unangreifbaren Besitzstand gehaltenen Marktsegmenten.

Insbesondere die mittelständischen Kreditinstitute mit ihrem außerordentlich dichten und teuren Zweigstellennetz müssen nicht nur ihre traditionellen Organisations- und Vertriebsformen überdenken und in Frage stellen (vielleicht sogar radikal über Bord werfen), sondern vor allem knallhartes Kostenmanagement betreiben, wenn sie nicht substantielle Marktanteile preisgeben wollen. So verzeichnen einerseits die im Volksmund »Aldi-Banken« genannten Kreditinstitute, die sich unter Verzicht auf jegliche Beratungs- und Vertriebsleistungen mit besonders kostengünstigen Standardprodukten an den »mündigen und gut informierten« Kunden wenden, ein stürmisches Wachstum, während andererseits die Geschäfts- und Privatbanken mit Angeboten professioneller Vermögensverwaltung in das (von ihnen bisher vernachlässigte) untere Segment der vermögenden Privatkunden einzudringen versuchen.

Was übrigbleibt, ist die Abwicklung des Massenzahlungsverkehrs und die Betreuung »schwieriger« Kleinkunden, die der

Wettbewerb gerne den Sparkassen und Genossenschaftsbanken überläßt. Diese, durch das Regionalprinzip an ihr Geschäftsgebiet gebunden, können aber ihr notwendiges Wachstum letztlich nur durch eine Erhöhung ihres Marktanteils – also zu Lasten ihrer Wettbewerber – erzielen. Ein Unterfangen, das unter den geschilderten Verhältnissen und in der derzeitigen gesamtwirtschaftlichen Lage viel Schweiß und Tränen kostet.

Die aktuelle Diskussion um den Standort Deutschland zeigt, daß wir mit unseren Arbeitskosten absolute Weltmeister sind. Da Kapital auf Dauer immer nur dort hinfließt, wo es eine angemessene Rendite erwirtschaftet, verlagert auch schon die mittelständische Industrie mit zunehmendem Tempo Produktion und damit Arbeitsplätze ins billigere Ausland (allein in 1995 wurden lt. BDI 300 000 Arbeitsplätze »exportiert«). Die Gefahr, daß wenn im Ausland investiert, auch im Ausland finanziert wird, läßt es als wahrscheinlich erscheinen, daß die Regionalbanken nicht nur bei den Arbeitnehmern (die ihren Arbeitsplatz verlieren), sondern auch bei deren Arbeitgebern Geschäftspotentiale einbüßen.

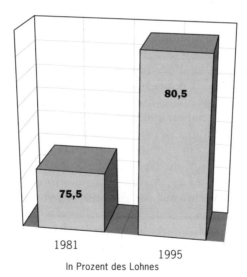

80,5

75,5

1981

1995

In Prozent des Lohnes

Lohnnebenkosten in Deutschland

15

Rund zwei Drittel der Kosten der Banken sind Personalkosten. Wenn sie mit Anbietern aus anderen Ländern der EU auch preislich konkurrieren wollen, müssen sie diese Quote deutlich senken. Personalkosten haben aber bei ihnen (besonders in Sparkassen, bedingt durch deren öffentlich-rechtliche Tarifstruktur und traditionell mächtige Personalräte) nahezu Fixkostencharakter und sind bestenfalls mittel- und längerfristig zu beeinflussen. Tarifabschlüsse sowie Höhergruppierungen und die bei Sparkassen immer noch üblichen Dienstalterszulagen (auch »Verkalkungsprämie« genannt) sorgen für einen kontinuierlichen Anstieg. Betriebswirtschaftliche Instrumente, die es ermöglichen würden, die Produktivität einzelner Leistungsbereiche kontinuierlich zu messen, stehen insbesondere den kleineren Instituten erst in rudimentären Ansätzen zur Verfügung.

Das vorhandene Automatisierungspotential beschränkt sich in absehbarer Zeit auf innerbetriebliche Abläufe sowie die Abwicklung des Zahlungsverkehrs. Weitergehende Versuche, über die Geldausgabe hinaus auch andere Bankgeschäfte, wie z. B. das Ausfertigen von Überweisungen, die Ausgabe von Vordrucken und den einfachen Sparverkehr zu automatisieren, stecken noch in den Kinderschuhen.

Sie stoßen außerdem auf den Widerstand der Kunden, die – sofern sie dem Spielalter entwachsen sind – zunehmend mürrisch auf Automaten reagieren, die angeblich »kinderleicht« zu bedienen sind, einen aber in Wirklichkeit durch ihre Stupidität zur Verzweiflung treiben können.

Die Banken nähern sich zusehends den Grenzen ihres natürlichen Wachstums: Das Filialnetz deckt auch den letzten Einödhof ab, die Belastung durch ständig steigende Steuern und Sozialabgaben schränkt Sparmöglichkeiten ein und begünstigt die Flucht von Geldvermögen ins Ausland. Dazu hat die Verschuldung von Firmen und Verbrauchern bereits einen Umfang erreicht, der das Kreditgeschäft zunehmend verlangsamt und darüber hinaus erhöhte Risikoaufwendungen bedingt. Neue Marktsegmente, die noch außerhalb der Kreditwirtschaft stehen, sind beim besten Willen nicht auszumachen

Die Fusion benachbarter Institute wird in dieser Situation von vielen als Königsweg angesehen, können doch mit ihrer Hilfe Synergieeffekte in erheblichem Ausmaß realisiert werden. Theoretisch ist das schon richtig. Aber abgesehen davon, daß selbst wirtschaftlich sinnvolle Fusionen häufig schon an politischen Intrigen der Gewährsträger und Besitzstandskämpfen der Vorstände scheitern, ist schieres Größenwachstum noch lange kein Garant für Qualität. Und das Zusammenfügen zweier unterschiedlicher Unternehmenskulturen (man sollte nicht glauben, *wie* unterschiedlich diese in den so »gleichen« Instituten sind) erfordert Jahre schweißtreibender Arbeit. Denn damit, daß auf Vorstandsebene schönste Harmonie demonstriert wird, während sich die Führungskräfte gegenseitig in Stellvertreterkämpfen zerfleischen, wird nur den Wettbewerbern zugearbeitet und das wertvollste Potential – die guten Mitarbeiter – verschlissen.

Hinzu kommen noch die sog. »Altlasten«: Mitarbeiter, die in ihrer bisherigen Funktion nicht mehr benötigt werden und die, aus welchen Gründen auch immer, nicht in der Lage sind, neue anspruchsvolle Aufgaben zu übernehmen. Sie werden in der Regel im Rechnungswesen oder im Zahlungsverkehr »aufbewahrt« und tragen ihr Teil zum Anstieg der unproduktiven Kosten bei.

Unter Sparkassen und Genossenschaftsbanken kursiert ein geflügeltes Wort: »*Laßt die anderen nur fusionieren, denn dann sind sie die nächsten Jahre mit sich selbst beschäftigt und haben keine Zeit mehr für ihre Kunden*«.

Eine weitere denkbare Alternative zur Kostensenkung, von Großbanken schon in ersten Ansätzen praktiziert, ist die Verlagerung bestimmter Leistungsbereiche ins Ausland. Dies mag im Moment noch sehr utopisch klingen. Die rasante Entwicklung der Kommunikationstechnologien, bei der Entfernungen keine Rolle mehr spielen, wird diesen Weg in absehbarer Zeit aber auch für mittelständische Institute attraktiv erscheinen lassen. Ein Beispiel hierfür ist die Entwicklung und Wartung von Software und von EDV-Netzen von asiatischen Ländern aus (größter Softwareproduzent der Welt ist heute schon Indien). Und die Eingabe und Verarbeitung von Massendaten wird heute schon vielfach im Lohnauftrag in den Billiglohnländern Asiens durchgeführt.

Die seit einiger Zeit gebetsmühlenhaft wiederholte Forderung von Arbeitgebern und Politikern, Personalnebenkosten sowie die steuerliche Belastung der Unternehmen zu senken, führt auf Dauer nicht aus der Sackgasse hoher Arbeitskosten.

Dies ist – soll es nicht nur um kosmetische Veränderungen gehen – für viele Arbeitnehmer nur unter einschneidenden Einbußen an über Jahrzehnte hinweg erworbenen Besitzständen in Form von Einkommen, Freizeit und sozialer Sicherheit möglich. Und es steht stark zu bezweifeln, ob alle handelnden Personen in unserer Lobby-Demokratie (die mehr und mehr zu einer Veranstaltung zur Durchsetzung von Einzelinteressen gerät), die Einsicht und den Mut besitzen, entsprechende Verwerfungen in der sozialpolitischen Landschaft heute um einer besseren Zukunft willen in Kauf zu nehmen. Ökonomische Zwänge auch nur ansatzweise mit sozialer Gerechtigkeit in Einklang zu bringen, erfordert ein Ausmaß an *gemeinsamen* Anstrengungen, das in unserer aktuellen Situation nicht mehr (oder noch nicht) möglich zu sein scheint. Das zeigen die immer schriller werdenden Töne in der Diskussion verschiedener sogenannter »Spar«– und »Beschäftigungspakete«.

Es ist auch äußerst fraglich, ob die Senkung der Arbeitskosten *die* Lösung zur Verbesserung des Standortes Deutschland wäre. Wir können unsere postindustrielle Gesellschaft nicht in die Anfänge des Industriezeitalters zurückkatapultieren. Damals wurde die Wettbewerbsfähigkeit eines Produktes weitgehend über die Kosten definiert, weil es galt, sich bildende Massenmärkte mit preiswerten Produkten und einfachen Technologien zu versorgen.

Diese Aufgabe werden in Zukunft die Schwellenländer des ehemaligen Ostblocks und in der Dritten Welt zu Konditionen übernehmen, mit denen wir niemals wieder werden mithalten können. Wir müssen uns auf diejenigen Bereiche konzentrieren, die unsere wichtigsten Ressourcen, nämlich

bestens ausgebildete und leistungsfähige Mitarbeiter in Verbindung mit hoher technischer, logistischer und organisatorischer Kompetenz sowie einer hervorragenden Infrastruktur

optimal ausschöpfen. Darin liegt unsere Überlebenschance als (noch) einer der weltweit führenden Exporteure von Hochtechnologie.

Deutschland wird immer ein teurer Standort bleiben, und der Verteilungskampf um Produktivitätszuwächse zwischen Arbeitgebern und Arbeitnehmern wird auch zukünftig einer der bestimmenden Faktoren des wirtschaftlichen Klimas in unserem Lande sein. Die Erkenntnis, daß die vergangenen Jahrzehnte ungebremsten Wachstums unwiederbringlich der Vergangenheit angehören, daß wir von einer Industriegesellschaft in eine Dienstleistungsgesellschaft übergehen und daß unser Wohlstand täglich neu erarbeitet werden muß, ist inzwischen Allgemeingut. Sie hat zwar Eingang in viele Redemanuskripte gefunden, – aber, und das erleben wir täglich, es wird nur in Ausnahmefällen danach gehandelt. »*Es liegt eben in der menschlichen Natur, vernünftig zu denken und unlogisch zu handeln*« *(Anatole France).*

Und wir müssen erst mühsam lernen, uns auf die Tugenden einer Dienstleistungsgesellschaft zu besinnen. In Deutschland ist immer noch die Mentalität des klassischen Produzenten vorherrschend, der (mit viel Wissen und Einfallsreichtum) ein Produkt entwickelt im Vertrauen darauf, daß es schon seine Käufer finden wird. **Markt- und Kundenorientierung der Mitarbeiter werden aber die entscheidenden Faktoren zukünftigen Unternehmenserfolges werden!**

Wesentliche Aufgabe der Personalentwicklung muß daher sein, Mitarbeiter auf die Rolle eines *Dienenden* gegenüber den Kunden vorzubereiten. Wie groß der Nachholbedarf gerade auf diesem Gebiet ist, zeigt eine empirische Studie über die Beratungsqualität von Banken, die das *Institut für Finanzdienstleistungen und Verbraucherschutz (IFF)* in Hamburg im Auftrag der Zeitschrift *Stern* durchführte.[3]

Erstmalig wurde hier umfassend untersucht, inwieweit Kundenberater bereit und in der Lage sind, sich auf die individuelle Situation eines Kunden einzustellen und in den Bereichen *Baufinanzierung, Altersvorsorge* und *Zahlungsverkehr* maßgeschneiderte Angebote zu unterbreiten. Die Ergebnisse aus 400 Kundengesprächen sind niederschmetternd: 39 % der getesteten Institute (Geschäftsbanken, Sparkassen und Volksbanken) erhielten die Bewertung »schlecht« oder »sehr schlecht«, 6 % schnitten mit »gut« ab, mit »sehr gut« keines.

»Den Banken gelingt es einfach nicht, Mindeststandards in der Qualität der Beratung zu garantieren«, so Jan Evers vom IFF. *»Wie ein Kunde beraten wird, ist mehr oder minder Zufall. Dabei reicht*

---

[3] Jan Evers: Beratungsqualität von Banken, Hamburg 1995 (STERN 40/95)

oft schon eine einzige schlechte Beratung, um Menschen in finanzielle Bedrängnis zu bringen oder in den Ruin zu treiben.«

Solche Berichte sind nicht geeignet, das Ansehen der Banken als vertrauenswürdiger und kompetenter Partner, für dessen Mitarbeiter die Interessen ihrer Kunden oberste Priorität genießen, zu heben. Angesichts dessen mögen einem die üblichen Werbespots der Kreditwirtschaft, in denen silberlockige, in dunkles Tuch gewandte Kundenberater durch High-Tech-Anlagen schlendern und Managementweisheiten verkünden, wie blanker Hohn vorkommen.

> Die Kunden, das wissen wir inzwischen, sind merkwürdige und höchst unvollkommene Wesen. Sie sind anspruchsvoll, wollen von allem nur das Beste, trennen sich aber nur ungern von ihrem Geld. Und sie sind häufig sehr undiszipliniert, denn sie haben nicht das geringste Verständnis für die innerbetrieblichen Belange und organisatorischen Anforderungen ihrer Sparkasse oder Bank.
> Glauben sie doch, daß ihre Wünsche und Probleme das Wichtigste auf der Welt sind. Und wenn sie feststellen müssen, daß wir diese Meinung nicht teilen, werden sie sich – sofern sie es sich leisten können – einfach einen anderen Ansprechpartner suchen. Um dieses Problem zu lösen, gibt es nur zwei Möglichkeiten: Entweder wir ändern die Kunden – das haben wir jahrelang vergeblich versucht (und immer wenn wir glaubten, es beinahe geschafft zu haben, waren die Kunden plötzlich verschwunden).
> **Oder wir ändern uns und unsere Mitarbeiter!**

Trotzdem besteht auch heute noch die Chance, den Standort Deutschland nicht nur zu erhalten, sondern erfolgreich zu einer Drehscheibe für innovative Dienstleistungen und Technologien im Zentrum Europas zu entwickeln.

Wir leben in einer Zeit des Umbruchs und des Übergangs, die nicht weniger herausfordernd ist als jene des Wiederaufbaus nach dem Zweiten Weltkrieg. Was uns bisweilen fehlt, ist der Mut, die Zähigkeit und die Bereitschaft der Kriegsgeneration, sich mit betrieblichen und gesamtwirtschaftlichen Zielen zu identifizieren und für deren Erreichung zu *kämpfen*. Mitarbeiter, die sich – womöglich außerhalb ihres eigentlichen Aufgabengebietes – vehement für betriebliche Belange einsetzen, rufen überwiegend bei Kolleginnen und Kollegen entweder Mißtrauen (*»wer weiß, was der im Schilde führt«*) oder ungläubige Heiterkeit hervor. Und deshalb ist das größte Problem, dem unsere Unternehmen heute gegenüberstehen, nicht der Ansturm aggressiver

Wettbewerber aus dem Ausland, sondern das soziologische Phänomen des Rückzugs ins Private, der einhergeht mit allgemeiner Politikverdrossenheit und einem bedenklichen Verlust an *Common Sense*. Hinzu kommt eine bedenkliche »Vollkasko-Mentalität«, die die Verantwortung für das eigene Schicksal nicht mehr in erster Linie bei sich selbst, sondern bei den staatlichen und gesellschaftlichen Institutionen sucht. Deshalb werden Schicksalsschläge als ein Versagen der Allgemeinheit und des Staates empfunden, dessen Aufgabe auch darin gesehen wird, *jedermann* einen sorgenfreien Lebensunterhalt zu sichern.

Die Bürger unseres Landes sind in ihrer überwiegenden Zahl nur noch dann bereit, sich für eine Sache zu engagieren, wenn ihr häusliches Umfeld oder ihre unmittelbare Lebenssphäre davon berührt ist. Aber *»die Summe der Einzelinteressen ergibt nicht Gemeinwohl, sondern das Chaos«* warnte schon in den siebziger Jahren der Stuttgarter Oberbürgermeister Manfred Rommel.

Während in einer Flut von Bürgerinitiativen nach dem St. Florians-Prinzip *gegen alles und für nichts* biedermeierliche Kirchturmspolitik fröhliche Urständ feiert, ist es nahezu unmöglich geworden, Projekte im betrieblichen oder öffentlichen Bereich, die zwangsweise das Gemeinwohl über das Wohl des Einzelnen stellen, ohne Prozeßflut bis in die höchsten Instanzen durchzusetzen.

Von der Bewahrung selbst kleinster ökologischer Nischen können wir nicht unsere wirtschaftliche Existenz abhängig machen. Auch das ist einer der Gründe, weshalb mit zunehmendem Tempo Arbeitsplätze ins industriefreundlichere Ausland verlagert werden. Und eine solche Entwicklung ist unumkehrbar! Ein einmal verlagerter Arbeitsplatz wird **nie wieder** zurückkehren. Deutschland braucht aber seine Industrie im Land, nur vom Export von Blaupausen werden wir auf Dauer nicht leben können. Außerdem entwickeln sich leistungsfähige Servicebereiche nur an Industriestandorten.

Womit wir beim eigentlichen Problem des Standorts Deutschland wären: der **Servicefähigkeit** und **Servicebereitschaft**. Der Managementprofessor Hermann Simon bezeichnete Deutschland unlängst als »Servicewüste«, und jeder Leser wird unschwer aus seiner eigenen täglichen Erfahrung zahlreiche Beispiele nennen können, die diese Feststellung stützen. Woher kommt es, daß wir uns – ob im Kaufhaus, bei Behörden oder auch am Bankschalter – häufig eher als lästige Bittsteller denn als umworbene Kunden fühlen? Freundliche, kompetente und zuverlässige Handwerker werden heute schon als Geheimtip gehandelt, deren Mitarbeiter wir uns mit üppigen Trinkgeldern geneigt zu halten versuchen.

Oder nehmen wir als weiteres Beispiel die jahrzehntelange Auseinandersetzung über die Änderung der Ladenschlußzeiten (zur grenzenlosen Erheiterung unserer Nachbarn). Von den zahlreichen Gegnern einer Liberalisierung wurden letztlich immer wieder die Belange der Beschäftigten als höchstes schutzwürdiges Gut angesehen und weit über die Forderungen und Wünsche der Kunden und Verbraucher gestellt.

Und wenn wir schon 30 Jahre gebraucht haben, um zu diesem für Deutschland nicht gerade existentiellen Problem eine (ziemlich fragwürdige) Kompromißlösung zu finden, woher sollen wir eigentlich die Reformbereitschaft und Kraft für unsere *wirklichen* Probleme nehmen?

Dienstleistung kommt von **dienen**. Und dieser Begriff – seien wir ehrlich – ist für uns immer noch mit einem erheblichen Negativimage behaftet. Er erinnert an untergeordnete und mit einem geringen Sozialprestige behaftete Hilfstätigkeiten. **Wir aber wollen Herren sein und keine Diener!**

Vielleicht liegt es auch daran, daß das Wort »Dienst« und die Assoziation zum Kunden als König doch noch viel monarchische Wertorientierung (und damit auch wieder den Gedanken von »unten« und »oben«) transportiert. Dabei ist die Idee des *Vermittelns,* des Kommunikativen und Mitmenschlichen für einen Dienstleister viel entscheidender und müßte eigentlich den Vorstellungen und Wünschen vieler Menschen besonders entgegenkommen. Es ist auffallend, daß insbesondere junge Menschen, wenn sie nach ihren Berufswünschen befragt werden, sehr häufig zur Anwort geben: *»Etwas, wo ich viel mit Menschen zu tun habe«*

Der tertiäre Sektor unserer Wirtschaft bietet die einzige Chance, in nennenswertem Umfang neue Arbeitsplätze zu schaffen. Laut Der Spiegel schufen die Dienstleister seit 1960 7,5 Millionen Arbeitsplätze, ihr Anteil an der Beschäftigung stieg von 38 auf 56 Prozent. Mitte der siebziger Jahre erwirtschafteten sie 22 Prozent unseres Bruttoinlandsproduktes, heute sind es bereits

36 Prozent, mit steigender Tendenz. *»Service wird zum Geschäft der Zukunft – und zum Hoffnungsträger für den Standort Deutschland« (Der Spiegel).*[4]

Allerdings nur, wenn wir bereit sind, nicht nur unser Denken, sondern auch unser Verhalten umzustellen und unsere Kunden als das zu sehen, was sie tatsächlich sind: Unsere Partner und vor allem **unsere Arbeitgeber, von denen unsere wirtschaftliche Existenz abhängt.**

1.3 Qualitätsmanagement und Personalentwicklung

Angesichts der hitzigen aktuellen Diskussion um diverse Methoden des Qualitätsmanagements könnte für unbefangene Beobachter leicht der Eindruck entstehen, Qualität sei bisher in deutschen Unternehmen ein völlig unbekannter Begriff gewesen. Erinnern wir uns: Der erste international anerkannte Qualitätsstandard war unser *made in Germany*, ein weltweites Symbol für Nutzwert, Zuverlässigkeit und Innovation, auf das nicht zuletzt auch heute noch unsere Exportindustrie ihre Erfolge begründet.

Deutsche Wissenschaftler und Ingenieure genossen überall in der Welt einen geradezu legendären Ruf, und die von ihnen hergestellten Erzeugnisse galten als Referenz für Qualität und Fortschrittlichkeit. Die Aussage von Robert Bosch, einem unserer Industriepioniere *»Es war mir immer ein unerträglicher Gedanke, es könne jemand bei der Prüfung eines meiner Erzeugnisse nachweisen, daß ich irgendwie Minderwertiges leiste. Deshalb habe ich stets versucht, nur Arbeit herauszugeben, die jeder sachlichen Prüfung standhielt.«* charakterisiert dies treffend, zeigt aber auch, wie stark der Qualitätsgedanke von der Sicht des Herstellers geprägt war.

Daß diese Betrachtungsweise heute nicht mehr genügt und daß zwischen der Einschätzung der eigenen Leistung und der Kundensicht teilweise Welten liegen, ermittelte Professor Christian Homburg von der Wissenschaftlichen Hochschule für Unterneh-

---

[4] Heft 51/95

23

mensführung (Otto-Beisheim-Hochschule, WHU) in Vallendar im Rahmen der bisher weltweit größten Studie über Kundennähe.[5] Die Untersuchung von 500 überwiegend deutschen Firmen zeigte, so Professor Homburg: »*Das typisch deutsche Unternehmen hat gute Produkte, aber bei allem, was darüber hinausgeht, beispielsweise Prozeßqualität oder Dienstleistungsqualität, sind Defizite unübersehbar*«. Die Ergebnisse lassen sich insgesamt in folgenden Kernthesen zusammenfassen:

- Viele Unternehmen haben eine völlig verzerrte Wahrnehmung: Zwischen der Einschätzung der eigenen Leistung und der Kundensicht liegen teilweise Welten.
- Total Quality Management und ISO-Zertifizierung haben in puncto Kundennähe nichts gebracht.
- Es ist ein Märchen, daß Kundennähe hohe Kosten verursacht und damit unwirtschaftlich ist. Das Gegenteil ist der Fall: Kundennahe Unternehmen sind hochprofitabel.
- Unternehmen, die versuchen, möglichst viele Prozesse zu standardisieren, erzeugen auf diesem Wege systematisch Kundenferne.
- Kundenorientierung läßt sich allein über die Unternehmenskultur steuern. An einer Analyse des Ist-Zustandes führt kein Weg vorbei.

Damit ist klar: Qualität kann heute nicht mehr als eine neutrale und mit technischen Mitteln meßbare Größe, sondern (vor allem im Dienstleistungsbereich) nur als etwas höchst Subjektives beschrieben werden, das (sowohl auf Hersteller- als auch auf Kundenseite) von zahlreichen »weichen« Faktoren wie beispielsweise
- Anspruchshaltungen und individuelle Wertmaßstäbe,
- Vorurteile und persönliche Neigungen,
- Selbstbild und vermutetes Fremdbild

bestimmt wird. Also etwas, das sich vornehmlich in der Interaktion zwischen Leistungsanbieter und Kunden und nicht so sehr in der standardisierten und objektiv nachvollziehbaren Abwicklung eines Geschäftsvorfalls entwickelt. H. D. Seghezzi beschreibt dies als »Nutzenfaktor« und leitet daraus folgenden Qualitätsbegriff ab: »*Qualität ist die Beschaffenheit, gemessen*

---

[5] Manager Magazin 1/96

an den Bedürfnissen der Anspruchsgruppen«. Was erlebt und empfindet z. B. ein Kunde, der eine Bank betritt?

- Findet er sich schnell zurecht?
- Entsprechen Umfeld und Ausstattung *seinen* Bedürfnissen?
- Findet er schnell seinen Ansprechpartner und hat er den Eindruck, dieser *freut* sich, ihn zu sehen und mit ihm zu sprechen?

Manche Bankgebäude scheinen in der Tat eher dem Ruhm ihrer Erbauer als der optimalen Kundenversorgung verpflichtet zu sein. Kathedralenartige marmorgetäfelte Schalterhallen, in denen sich die Besucher möglichst klein und häßlich vorkommen, sind kaum geeignet, unbedingte Hinwendung auf die Bedürfnisse der Kunden zu vermitteln.

Qualität (lat. qualitas > Beschaffenheit, Eigenschaft) **ist die Summe derjenigen Merkmale einer Dienstleistung, die zur Erfüllung der Forderungen und Wünsche eines Kunden beitragen.**

Personalentwicklung ist insofern ein Element des Qualitätsmanagements, als nur die Mitarbeiter die eigentlichen Träger und Vermittler jedwelchen Qualitätsbegriffes sein können. Denn »Serviceleistungen weisen einen wichtigen Unterschied zu Produkten auf. Sie lassen sich dadurch charakterisieren, daß das Ergebnis ganz oder teilweise an der Schnittstelle vom Anbieter zum Kunden entsteht (ad actu Prinzip). Aus diesem Grunde ist für den Kunden nicht nur das Ergebnis, sondern auch der Prozeß maßgebend, den er direkt miterlebt und der von ihm beurteilt werden kann. Im Servicebereich setzt sich deshalb die Marktleistung aus dem Ergebnis und der Verrichtung der Dienstleistung zusammen«[6]. Darauf müssen die Mitarbeiter vorbereitet und dafür müssen sie fit gemacht werden. Dies gilt sowohl für Qualität nach innen als auch nach außen. Und beginnen sollte es vernünftigerweise stets im Innenverhältnis. Niemand kann glaubwürdig nach außen vertreten, was er nicht im täglichen Umgang mit Vorgesetzten, Kollegen, hausinternen Zulieferern und Leistungsabnehmern erlebt und selbst praktiziert. Nur ein Unternehmen, das absolute Kundenorientierung zum Grundsatz für

---

[6] H. D. Seghezzi: a. a. O.

das Zusammenwirken aller internen Leistungsbereiche (ob Verwaltung, Innenrevision oder Kreditabteilung) erhoben hat, wird auf Dauer in der Lage sein, dies auch im Außenverhältnis überzeugend darzustellen.

Dafür spricht übrigens schon der gesunde Menschenverstand. Die Kunden eines Hauses haben es nämlich nicht nur mit Beratern und Verkäufern zu tun, sondern sie werden früher oder später (trotz des mancherorts praktizierten »Kontaktverbotes« mit Kunden für die Sachbearbeiter) auch mit anderen Mitarbeitern in Berührung kommen. Wenn sie dann feststellen müssen, daß diese mehr Interesse für ihre internen Probleme als für die Belange der Kunden haben, nützt auch das Schimpfen der Berater auf die »Bürokraten« in der Zentrale nichts mehr.

Die Umsetzung dieser Gedanken bedeutet für viele Kreditinstitute noch einen langen und dornenreichen Weg, auf dem die Mitarbeiter Führung, Unterstützung und Begleitung brauchen. Zu viele von ihnen sind noch der klassischen Denkweise des Bank*beamten* verhaftet. Sie fühlen sich in erster Linie den Traditionen ihres Hauses verpflichtet und sind stolz darauf, wie gewissenhaft sie mit den ihnen anvertrauten Kundengeldern umgehen. Sie sehen sich mehr in der Rolle eines Treuhänders denn als x-beliebiger Verkäufer, da es schließlich um Geld geht – *das heiligste Gut unserer Nation!*

Qualität bedeutet für sie in erster Linie Sicherheit. Und diese wird erzeugt durch eine schier endlose Kette von Prüf- und Kontrollhandlungen (die allerdings weniger der Erzeugung von Qualität als dem Aufspüren bereits begangener Fehler dienen). Die Folge ist, daß manche Vorgänge so mit »Vermerken« und Handzeichen bepflastert sind, daß man den Eindruck gewinnen kann, der eigentliche Geschäftsvorfall sei ob dieser Kontrollorgie längst in den Hintergrund getreten.

Durchschnittlich werden in Kreditinstituten auch heute noch ca. 15 % der Kosten in Form von Arbeitszeit für das Kontrollieren und Prüfen, also die *Sicherung* einer definierten Arbeitsqualität aufgewandt, aber nur rund 10 % für das Gewinnen und Betreuen der Kunden. Diese Zahlen belegen eindrücklich, welchen Stellenwert (passive) Sicherungshandlungen nach wie vor genießen. Könnte es gelingen, durch ein gesteigertes Qualitätsbewußtsein auf allen Hierarchieebenen diesen Wert auf 5 % (eine Größenord-

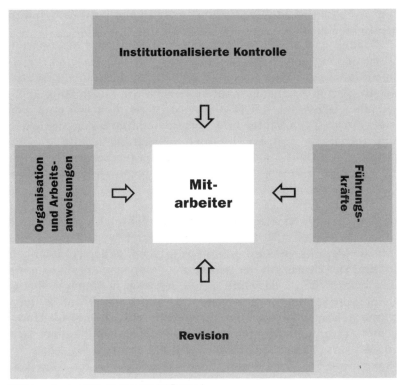

Abbildung 1   Qualitätssicherung im Ist-Zustand

nung, die beispielsweise in der Automobilindustrie inzwischen als realistisch gilt) zu reduzieren, käme das einer Ertragssteigerung um 10 % der Personalkosten (ca. 0,14 % DBS) gleich.

Kontrollen schaffen keine Qualität! Sie decken bestenfalls nicht vorhandene Qualität auf. Qualität wird nur durch gut ausgebildete und motivierte Mitarbeiter erzeugt, die wissen, was sie tun und warum sie es tun. Und die stolz darauf sind, einen eigenständigen Beitrag zum Erfolg ihres Unternehmens zu leisten. Zu viele Kontrollen engen ein und verstellen den Blick auf die eigentlichen Qualitätsanforderungen (Abb. 1).

Alle Welt spricht heute von Lean Banking, TQM (Total Quality Management), Value Control, bildet Qualitätszirkel und startet Qualitätsoffensiven. Kaum ein Kreditinstitut, das sich nicht einer

27

dieser Methoden und Techniken verschrieben hätte, zumindest wird eine Zertifizierung nach ISO 9000 ff. angestrebt.

Dabei wird aber häufig verkannt, daß mit der detaillierten Beschreibung von Prozessen, wie dies bei ISO geschieht, vielleicht (aber nur vielleicht) die technisch-administrativen Voraussetzungen für Qualität geschaffen werden, aber noch lange keine Qualität! Denn **Qualität läßt sich nicht normen.** Sie muß sich erst einmal in den Köpfen und Herzen der Mitarbeiter entwickeln und setzt einen von der Unternehmensleitung zu initiierenden langfristigen Denk- und Entwicklungsprozeß voraus, der in der Beachtung der Kundenbedürfnisse die oberste Prämisse für die Gestaltung betrieblicher Abläufe erkennt.

Was dies für ein Institut bedeuten kann – und vielleicht sogar bedeuten muß: Nichts weniger als eine echte Kulturrevolution! Man sollte dabei allerdings auch berücksichtigen, daß sich die meisten der hier genannten (und zahlreicher anderer) Methoden in ihrer Denkweise aus der japanischen Managementphilosophie des KAIZEN (Kai = das Gute, Zen = der Weg) herleiten und eine Reihe von Elementen aufweisen, die nur bedingt auf unseren Kulturkreis übertragbar sind. Auf unserer christlich-abendländisches, auf Individualismus und dem persönlichen Streben nach Glück gegründetes Wertesystem wird die absolute Fixierung der Japaner auf die Gruppe und Gemeinschaft immer fremd wirken und in dieser Form niemals übertragbar sein.

Nicht nur übertragbar, sondern zukunftsweisend ist allerdings die Offenheit der japanischen Denkweise, die nie den von den Management-Gurus des Westens bis in die jüngste Vergangenheit propagierten geschlossenen kybernetischen Systemen erlegen ist. Kontinuierliche Verbesserung des Bestehenden in kleinen und kleinsten Schritten, ohne die von uns so geschätzten großen Innovationsschübe, haben ihren Unternehmen die Leistungsfähigkeit und Beweglichkeit verschafft, die ihren Wettbewerbern heute zu schaffen macht.

Die sechs Elemente der von Ishikawa[7] propagierten »Company Wide Quality Control« zeigen alle wesentlichen Voraussetzungen für Qualität und machen den universalen Anspruch japanischen Qualitätsdenkens deutlich (Abb. 2).

---

[7] H. D. Seghezzi: a. a. O.

1 Quality first: Qualität ist Aufgabe der Unternehmensleitung.
2 Qualität heißt »conformance to customers requirements.«
3 Einbeziehung aller wichtigen betrieblichen Funktionen
4 Kontinuierliche Verbesserung
5 Einbeziehung aller Ebenen
6 Berücksichtigung des sozialen Systems

Abbildung 2 Ishikawa: Company Wide Quality Control

Vorstand, Führungskräfte und Mitarbeiter müssen bereit sein, sich mit neuen Zielen auseinanderzusetzen, Bestehendes in Frage zu stellen und gemeinsam einen neuen Weg zu suchen. Und das hat natürlich erhebliche Auswirkungen – nicht nur auf das Führungsverhalten, sondern auch auf die Kommunikation und nicht zuletzt auf die Aufbau- und Ablauforganisation.

Eine ganz besondere Rolle kommt hierbei der Unternehmensleitung zu. Sie muß diesen Prozeß wirklich wollen. Nicht genehmigen oder zulassen, sondern **fordern**, weil sie überzeugt ist, daß es hier nicht um eine modische Attitüde (Zitat eines Bankvorstandes: »*Wir werden uns wohl auch die Zertifizierung nach ISO holen müssen, die Konkurrenz wirbt bereits damit, und unsere Kunden fragen schon, warum wir das nicht auch machen*«*)*, sondern um die **zwingende Notwendigkeit für eine erfolgreiche Zukunft** geht.

Deshalb ist Qualitätsmanagement Chefsache und kann nicht auf irgend eine Stabsabteilung delegiert (oder noch schlimmer: einer Führungskraft als Zusatzaufgabe übertragen) werden. Einen Qualitätsbeauftragten, der eine vergleichbare Rolle im Unternehmen spielt wie z. B. der Sicherheitsbeauftragte (dem von den Kollegen meist nur eine gesetzlich verordnete Alibifunktion zugestanden wird), können wir getrost vergessen.

Erst wenn die Mitarbeiter erleben, daß dieses Thema niemals – auch in »unruhigen« Zeiten nicht – von der Tagesordnung des Vorstandes verschwindet, wenn immer wieder beharrlich nach dem Erfolg einzelner Maßnahmen gefragt und nach weiteren Qualitätsdefiziten geforscht wird, werden sie im Lauf der Zeit überzeugt werden können. Und überzeugen müssen wir. Denn Qualität kann nicht von »oben« verordnet und durch irgendwelche institutionellen Kontrollorgane gesichert, sondern muß von allen Mitarbeitern – und nicht nur von den Führungskräften –

Merkmal	Ausprägung
flache Hierarchien	geringstmögliche Anzahl von Hierarchieebenen, die einen schnellen und unkomplizierten Informationsaustausch ermöglichen.
umfassende Kommunikation	fach- und funktionsübergreifende Kommunikation auf allen Ebenen.
Teamorientierung	Institutionalisierung von interdisziplinären Arbeitsgruppen zur Organisationsentwicklung und Problemlösung.
Vertrauensorganisation	Entwicklung einer Organisationsphilosophie, die Mitarbeitern ein Höchstmaß an Selbstbestimmung und Verantwortung zubilligt.
Kompetenzen	Übertragung von Kompetenzen nicht als Hierarchieausweis, sondern ausschließlich als Instrument zur selbständigen Aufgabenerledigung.

Abbildung 3   Wesentliche Merkmale einer qualitätsorientierten Organisationsstruktur

aus eigenem Antrieb praktiziert werden. Sie muß ständig neu entwickelt und ggf. sogar von Tag zu Tag und von Kunde zu Kunde neu »erfunden« werden.

Machen wir uns nichts vor: Ein »rotziger« Mitarbeiter im Servicebereich kann gegenüber seinen Kunden innerhalb von fünf Minuten die Anstrengungen von Monaten zunichte machen.

Gerade im Servicebereich tickt als Folge falscher Weichenstellungen in der Personalentwicklung vieler Kreditinstitute geradezu eine Zeitbombe: Als Ergebnis ausgefeilter Vertriebskonzeptionen werden derzeit die einzelnen Marktsegmente (Firmenkunden/Geschäftskunden/Vermögende Privatkunden/Individualkunden usw.) qualifizierten Beratern zugeordnet und deren Stellen finanziell und hierarchisch entsprechend attraktiv ausgestattet. Die Folge ist, daß leistungsorientierte und auf ihr Fortkommen bedachte Mitarbeiter darauf drängen, sich so schnell wie möglich für eine dieser Stellen qualifizieren zu können. Denn nur dann werden sie das nötige Ansehen bei Vorgesetzten, Kollegen und Mitarbeitern genießen.

Übrig bleibt das unattraktive Mengengeschäft, das nach wie vor von den »klassischen« Marktverantwortlichen, den Mitarbeitern in den Service-Centern und Geschäftsstellen betreut wird.

Orginalzitat eines Geschäftsstellenleiters: »*Ich leiste die Aufbau-
arbeit, und immer, wenn ein Kunde anfängt interessant zu werden, kriege ich ihn weggenommen. Was mir bleibt, sind die
schwierigen und sozial schwachen Kunden, sie sonst niemand haben will*«.

Das Image eines Hauses – sei es gut oder schlecht – entsteht
aber nicht im gepflegten *smalltalk* zwischen Kunde und Vorstand, sondern im Servicebereich. Das, was die Kundinnen und
Kunden, ihre Ehepartner, Kinder und Mitarbeiter dort täglich sehen, hören und erleben, prägt den Ruf einer Bank oder Sparkasse.

Ausgerechnet dort beschäftigen wir häufig unsere unerfah-
rensten, am schlechtesten ausgebildeten und in der Regel auch
am schlechtesten bezahlten Mitarbeiter. Und das mit der Begründung, dort werde kein qualifiziertes Personal benötigt, weil
mehr als 90 % aller anfallenden Geschäftsvorfälle nur bedienen-
der und abwickelnder Natur sind. In Wirklichkeit wird an diesen
Stellen täglich eine Fülle von Entscheidungen getroffen, die für
das Unternehmen von Bedeutung sind.

Deshalb werden genau diese Mitarbeiter in erster Linie Träger des angestrebten Qualitätsgedankens sein müssen. Sie kennen am besten *(wenn es sie interessiert)* die Probleme und Wünsche der Kunden. Von ihrer Freundlichkeit und Servicebereitschaft, ihrer Kompetenz und *Zuverlässigkeit* hängt der Erfolg jeg-
lichen Qualitätsmanagements ab. Dem muß in der Personalentwicklung durch entsprechende Schulungs- und Entwick-
lungsangebote unbedingt Rechnung getragen werden.

Grundsätzlich muß auch die Frage gestellt werden, ob eine
starre Segmentierung der Märkte nach Kundengruppen tatsächlich auch **die Bedürfnisse der Kunden** und nicht nur den
Wunsch nach einer möglichst rationellen Abwicklung der Geschäftsvorfälle widerspiegelt. Die Übergänge sind in der Praxis
fließend, denn der Geschäftskunde ist beispielsweise aus seinem
familiären Umfeld heraus auch Individualkunde. Und aus betriebswirtschaftlichen Überlegungen Unterschiede hinsichtlich
des zu vertretenden Aufwandes in der Betreuung von Privatkunden und *vermögenden* Privatkunden zu machen, ist sicherlich
aus mehr als einem Grunde problematisch.

Die Merkmale einer Dienstleistung und damit ihre Qualität
können ausschließlich von den Kunden festgelegt werden. Ihre

Zufriedenheit – und nicht diejenige der Controller und Organisatoren – entscheidet über den Erfolg eines Unternehmens.

Die Organisation. Eine den Qualitätsgedanken unterstützende Organisation sollte sowohl an den Bedürfnissen der Kunden als auch an den Bedürfnissen der Mitarbeiter ausgerichtet sein – jedoch niemals an den Bedürfnissen der Administration.

Die klassischen Grundsätze der Organisationsarbeit beinhalten sowohl beharrende als auch flexibilisierende Elemente und werden deshalb möglicherweise in einem Konflikt zueinander stehen. Sie können daher niemals maximiert, sondern immer nur in ihrem Verhältnis zueinander optimiert werden. (Abb. 4)

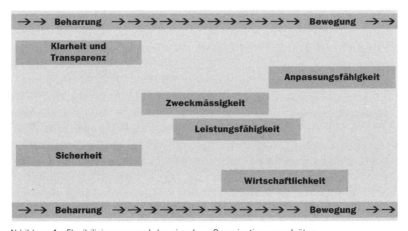

Abbildung 4   Flexibilisierungsgrad der einzelnen Organisationsgrundsätze

Zu den bereits genannten Forderungen des Qualitätsmanagements wie
- **flache Hierarchien und vernetzte Strukturen,**
- **fach- und funktionsübergreifende Kommunikation,**
- **Teamorientierung und Selbständigkeit in der Aufgabenerledigung**

wird sicherlich jedermann beifällig nicken, deren Umsetzung ist jedoch eine ganz andere Sache; bedeutet diese doch beispielsweise den Wegfall ganzer Führungsebenen (wohin mit den Stelleninhabern?), Verzicht auf Status und Macht sowie den konsequenten Übergang von einer Mißtrauens- in eine Vertrauensorganisation.

Wie bereits gesagt, für so manches Haus eine Kulturrevolution, in der über Jahrzehnte erworbene (bisweilen aber auch nur eisern ersessene) Besitzstände zur Disposition gestellt werden müssen. Und in der die bisher so geschätzte Regelungswut zahlloser interner »Ordnungsmächte« zurücktreten muß hinter der Bereitschaft zu Gestaltungsfreiheit und Improvisation. »*Nicht die Vorschriften besorgen den Dienst, sondern die Menschen*« stellte schon Generalpostmeister von Stephan fest.

Arbeitsanweisungen und Rundschreiben im Stil und im Umfang juristischer Fachaufsätze mögen zwar ob ihrer fachlichen Brillianz das Ansehen ihrer Verfasser heben, haben aber noch selten zu einer nachhaltigen Verbesserung der Arbeitsqualität – oder womöglich zur Verringerung der Ausfallrisiken – beigetragen. Sonst müßte ja eine Relation zwischen dem Gewicht der gesammelten Anweisungen (in Kilogramm) und der Fehlerquote eines Hauses herzustellen sein! Außerdem führt das Bestreben nach einer möglichst weitgehenden Normierung und Standardisierung der Arbeitsabläufe letztlich nur dazu, daß Mitarbeiter jede Abweichung (z. B. Störungen durch Kunden) als lästige Unterbrechung eines geordneten Arbeitsablaufes empfinden.

Wirkliche Qualität entsteht immer auch aus einer Mischung von Improvisation und gesundem Menschenverstand. Dies zeigt schon ein Blick auf die Wirtschaft: Die wichtigsten Innovationen besonders zukunftsorientierter Branchen entstehen nicht in den batallionsstarken und bestens durchorganisierten Forschungs- und Entwicklungsabteilungen großer Konzerne, sondern in Kleinbetrieben, deren Arbeitsabläufe und Organisationsstruktur jeden Chaosforscher begeistern könnten. Und in japanischen Fabriken werden Mitarbeiter oft davor gewarnt, ihre Arbeit immer gleich auszuführen, – so sei ein Fortschritt nicht möglich![8]

Schon allein der Gedanke, diese Erkenntnis auch auf den Bereich der Finanzdienstleistungen übertragen zu wollen, ruft bei vielen Führungskräften blankes Entsetzen hervor. Sehen sie doch ihre Hauptaufgabe darin, ihren Mitarbeitern sagen zu müssen,

---

[8] Masaaki Imai: KAIZEN, Berlin/Frankfurt 1993

was diese zu tun haben (und anschließend nachzuprüfen, ob es auch *weisungsgemäß* gemacht wurde). Für das Verständnis dafür, daß Mitarbeiter manchmal viel besser wissen, was in einer bestimmten Situation getan werden sollte, weil sie unmittelbar am Geschehen sind und weil sie über bessere Detailkenntnisse verfügen, bleibt bei dieser Denkweise natürlich kein Raum.

Robert Waterman, der sich in mehreren Studien mit der Frage beschäftigt hat, worin sich eigentlich besonders erfolgreiche Unternehmen von ihren »normalen« Wettbewerbern unterscheiden, beschreibt ihre Wesensmerkmale (s. Kasten S. 35)[9]

Innovation und Kreativität ohne Fehler gibt es nicht. Die Möglichkeit, Freiräume in Anspruch zu nehmen, etwas *auszuprobieren* und damit bewußt auch Fehlschläge in Kauf zu nehmen, ist ebenfalls ein Charakteristikum erfolgreicher Unternehmen. So wird z. B. in der KAIZEN-Bewegung davon ausgegangen, daß ein Manager mindestens 50 % seiner Zeit auf den kontinuierlichen Verbesserungsprozeß verwendet.

Das hat im übrigen nichts mit den Null-Fehler-Programmen zu tun, die schon in den sechziger Jahren von P. Crosby[10] entwickelt wurden und die sich mittlerweile zu einem integralen Bestandteil des Qualitätsmanagements entwickelt haben. **Wer herausragende Qualität leistet, vermeidet Fehler.** Aufgetretene Fehler sind immer entweder systembedingt oder das Ergebnis menschlicher Fehlleistungen. Da normalerweise niemand bewußt Fehler macht, sind sie auf die Unkenntnis der handelnden Personen über diejenigen Einflußfaktoren zurückzuführen, die zu ihrer Entstehung geführt haben. Wenn diese Fehlerursachen bekannt sind, können sie auch gemeinsam beseitigt werden.

Es mag etwas widersprüchlich klingen, aber damit wird ein bewußter Gegensatz zum bisher üblichen Kontrolldenken hergestellt. Fehler sollen nämlich durch selbständiges und verantwortungsbewußtes Arbeiten **verhindert**, und nicht wie bisher nur aufgespürt (und entsprechend geahndet) werden.

Bezeichnenderweise stößt gerade das auf die größten Widerstände bei den Betroffenen – Mitarbeiter *und* Führungskräfte. Die Suche nach möglichen Fehlerquellen wird häufig als Kritik

[9] Robert Waterman: Die neue Suche nach Spitzenleistungen, Düsseldorf 1994
[10] P. Crosby: Qualität bringt Gewinn, Hamburg 1986

> »Die Unterschiede, die die Spitzenunternehmen auszeichnen, liegen meiner Meinung nach hauptsächlich darin, wie sie ihre Organisationen ausgerichtet haben. Vor allem geht es dabei um Folgendes:
>
> - Sie sind darauf ausgerichtet, den Bedürfnissen der bei ihnen Arbeitenden besser gerecht zu werden. Dadurch
>   - gewinnen sie letzten Endes bessere Mitarbeiter als die Wettbewerber, und
>   - diese Mitarbeiter sind, gleich was sie tun, naturgemäß eher motiviert, qualitativ hochwertige Arbeit zu leisten.
> - Sie sind von der Organisation her mehr darauf ausgerichtet, den Bedürfnissen ihrer Kunden besser zu entsprechen. Dadurch sind
>   - sie durchgängiger innovativ auf Vorwegnahme der Kundenbedürfnisse ausgerichtet,
>   - sie unermüdlich und zuverlässig in der Erfüllung der Kundenerwartungen,
>   - die aufgelaufenen Gesamtkosten, ehe sie ein Produkt liefern oder eine Dienstleistung erbringen können, geringer,
>   - oder es trifft eine Kombination aller genannten Faktoren zu.«

an der geleisteten Arbeit und als Vorwand für ungerechtfertigte Eingriffe in den jeweiligen Verantwortungsbereich gesehen und deshalb mit List und Tücke hintertrieben. Die Gründe dafür sind vielfältiger Natur: Neben dem fehlenden Vertrauen in die Beweggründe der Unternehmensleitung und der Angst vor persönlichen Sanktionen mag auch falsch verstandene Solidarität (*»ich lasse meine Mitarbeiter nicht im Stich«*) und Harmoniestreben eine Rolle spielen. Oder, noch schlimmer, das Ganze wird als reiner Aktionismus und neuester Spleen der Unternehmensleitung abgetan und vor den Mitarbeitern womöglich lächerlich gemacht.

Dabei wird verkannt, daß **jeder** aufgetretene Fehler eine ganz spannende Sache ist: Er zeigt eine Möglichkeit auf, **gemeinsam** nach dem Motto »das Bessere ist der Feind des Guten« durch vorurteilsfreie Analyse seiner Ursache und Entstehung das vorhandene System zu verbessern und weiter zu entwickeln.

Null-Fehler-Programme werden von den Beschäftigten gerne als völlig überzogen und realitätsfern *(»typische Beraterlyrik«)* angesehen, da wir es schließlich mit Menschen zu tun haben und kein Mensch ohne Fehler ist – und kein Unternehmen wird jemals völlig fehlerfrei arbeiten. Diese Aussage ist natürlich völlig richtig und geht doch haarscharf am Kern der Sache vorbei, denn:

- Es gibt nichts, was man nicht verbessern könnte.
- Fehler sind nicht schicksalhaft, sondern das Ergebnis nachvollziehbarer Einflußgrößen.
- Es geht nicht darum, keine Fehler zu machen, sondern keine machen zu *wollen*.
- Fehler einfach hinzunehmen, bedeutet Mittelmäßigkeit. Fehler *nicht* hinzunehmen, den ersten Schritt zum Außergewöhnlichen.

Merke: »*Tugenden lernen heißt Fehler verlernen*« (Seneca). Im übrigen sind extrem niedrige Fehlerquoten in vielen Bereichen nicht nur selbstverständlich, sondern geradezu lebensnotwendig. Jacobi[11] bringt dazu einige recht anschauliche Beispiele. Er schreibt:

> »*So verwundert es nicht, daß Qualität heute überwiegend definiert wird als Erfüllungsgrad vereinbarter Anforderungen bzw. Einhaltung der Spezifikation oder als erlebter Kundennutzen. Der Erfüllungsgrad sollte 100 % sein, um dem Kundenanspruch oder den Funktionsanforderungen zu genügen. Oft wird ein Erfüllungsgrad von 99,9 % noch als unrealistisch hoch angesehen. Es gibt aber einige gute Beispiele, die verdeutlichen, was bei einem Wert von 99,9 % eintreten würde. So gingen in den USA täglich 16 000 Briefe bei der Beförderung verloren, pro Woche würden rund 50 chirurgische Eingriffe tödlich enden oder stündlich 22 000 Fehlbuchungen in amerikanischen Banken erfolgen. Auf dem Frankfurter Flughafen würde alle zwei bis drei Tage beim Start oder Landen ein Flugzeug abstürzen.*«

Die Aufzählung entsprechender Beispiele ließe sich beliebig fortsetzen. Nehmen wir nur die Qualitätskriterien, die heute in der Fertigung von EDV-Komponenten wie z. B. Speicherchips, TFT-Farbbildschirmen oder Festplattenlaufwerken als selbstverständlich vorausgesetzt (und immer noch permanent verbessert) werden, so wird deutlich, daß Null-Fehlerprogramme in weiten Bereichen der Wirtschaft normaler und von niemand in Frage gestellter Bestandteil betrieblicher Leistungserstellung sind.

[11] Jens-Martin Jacobi: Qualität im Wandel, 2. Aufl. Stuttgart 1996

Die Veränderung eines bestehenden Zustandes bedingt Vergleichswerte. Qualität muß daher – auch in ihren subjektiven Ausprägungen – definiert sowie in meßbaren Größen beschrieben werden. Nur wenn das Ziel quantifiziert und der Fortschritt für alle Beteiligten nachvollziehbar ist, wird auch die entsprechende Motivation zur Zielerreichung entstehen können. Nachvollziehbar heißt nachprüfbar. Und das bedeutet die notwendige Einrichtung von Kontroll- und Steuerungsmechanismen, die eindeutig beschreiben, welcher Qualitätsstatus zu einem bestimmten Zeitpunkt erreicht werden sollte und was tatsächlich erreicht wurde. Ob dies über die Ermittlung von Ausfall-, Fehler- oder Reklamationsquoten, Reaktions- und Durchlaufzeiten geschieht, um nur einige Möglichkeiten zu nennen, hängt von der betrachteten Leistungseinheit ab. **Immer** sollten aber die Meinungen, Reaktionen und Beurteilungen der Leistungsabnehmer und Kunden einer permanenten und möglichst neutralen Beobachtung unterzogen werden. Untersuchungen zeigen immer wieder, daß das »vermutete Fremdbild«, d. h. das, was ein Unternehmen über die Meinungen seiner Kunden zu wissen glaubt, deutlich von der Realität abweicht.

Qualitätsmanagement ist – das wurde bereits festgestellt – prozeßorientiert. Der eingeleitete Entwicklungsprozeß muß kontinuierlich und – zumindest am Anfang – **gegen alle Widerstände** vorangetrieben werden (auch wenn immer wieder angeblich »Wichtigeres« dazwischenkommt). Natürlich wird niemand so dumm sein, öffentlich gegen Qualitätsverbesserungen Stellung zu nehmen. Viele werden aber im stillen versuchen, der Sache ein frühzeitiges Ende zu bereiten. (*»Ich bin ja auch für Qualität und mache das sowieso alles schon seit Jahren. Aber jetzt sollte man sich langsam wieder auf das Tagesgeschäft konzentrieren, diese ewige Unruhe ist nicht gut für den Betrieb.«*)

Aber genau das bedeutet Qualitätsentwicklung: Nicht Statik, sondern Aufbruch, Unruhe und Bewegung. Nicht feste Regeln und Normen, sondern Freiheit und Improvisation, wo immer das möglich ist. Sie bedeutet Mut zur Veränderung und Mut zu Fehlern, um daraus zu lernen. Und sie bedeutet auch, Tatbestände im Betrieb öffentlich zu machen, über die man in der Vergangenheit gerne den Mantel barmherziger Nächstenliebe gebreitet hat.

Aspekte der Qualität	Forderungen an die Mitarbeiter
flache Hierarchien	Vernetztes Denken, Führungswissen, Konflikt-fähigkeit und Selbständigkeit.
umfassende Kommunikation	Offenheit und Informationsbereitschaft.
Teamorientierung	Teambereitschaft und Teamfähigkeit auf allen hierarchischen Ebenen.
Vertrauensorganisation	Der Wunsch und die Bereitschaft, einen eigen-ständigen Beitrag zur Erreichung betrieblicher Ziele zu leisten.
Kompetenzen	Delegationsbereitschaft, Delegationsfähigkeit und Delegationswilligkeit.

Abbildung 5 Forderungen des Qualitätsmanagements an die Personalentwicklung

Immer wieder kommen wir auf den einzelnen Mitarbeiter (egal in welcher hierarchischen Ebene) als eigentlichen Träger des Qualitätsgedankens zurück. Ihm zu vermitteln, daß Qualität nicht modische Attitüde, sondern zwingende Notwendigkeit ist, muß Bestandteil eines langfristigen Ausbildungs-, Förderungs- und Entwicklungskonzeptes sein, das **alle** personellen Ressourcen des Unternehmens umfaßt.

Jungen Mitarbeitern Eigeninitiative, Mut zur Verantwortung und unternehmerisches Denken zu vermitteln (und täglich vor-zuleben), sind besonders für mittelständische Kreditinstitute we-sentliche Voraussetzungen, um ihren Wettbewerbsvorsprung ge-genüber großen Organisationen, nämlich **Marktnähe und per-sönliche Kundenbindungen** erfolgreich umsetzen zu können.

Dazu bedarf es einer langfristig angelegten und zielstrebig vorangetriebenen Personalentwicklung, die sich nicht nur in un-differenziertem Austeilen von Wohltaten und hektischem Semi-nartourismus erschöpft.

Die Entwicklungspotentiale der Mitarbeiter müssen erkannt, erfaßt, und im Sinne gemeinsam vereinbarter Qualitätsziele ge-fördert werden. Zum Nutzen des Unternehmens und zum Nutzen der Mitarbeiter. Denn überdurchschnittliche Unternehmen brauchen überdurchschnittliche Mitarbeiter, deren persönlicher Leistungsanspruch über das vorschriftengerechte »Ableisten« ih-rer Aufgabeninhalte weit hinausgeht.

2.1 Der Mitarbeiter – ein unbekanntes Wesen?

Betrachtet man die einzelnen Aufgabeninhalte in einer Bank oder Sparkasse nicht ablauf- oder produktbezogen, sondern **funktionsbezogen** im Sinne von Wirkungen, die auf die jeweiligen Leistungsabnehmer ausgeübt werden sollen, so wird besonders deutlich, welchen entscheidenden Einfluß der einzelne Mitarbeiter auf den Grad der Funktionserfüllung und damit auf die Qualität der erbrachten Leistung ausüben kann. Seine fachliche und persönliche Leistungsfähigkeit sowie sein persönliches Wertesystem und sein Leistungswillen sind entscheidende Faktoren für das Ausmaß der Funktionserfüllung.

Gleichzeitig wirkt auch noch eine Reihe äußerer Faktoren auf den Mitarbeiter ein, die ebenfalls Umfang und Ausmaß der Funktionserfüllung bestimmen: Anweisungen der unmittelbaren Führungskraft, organisatorische Vorgaben, Kontrollberichte, Revisionsanweisungen usw. Institutionen außerhalb des Unternehmens wie Gesetzgeber, Aufsichtsämter und Prüfungsverbände nehmen ebenfalls Einfluß auf die Form der Aufgabenerledigung und das Arbeitsergebnis.

Aus dem allem entsteht in der Abwicklung des Tagesgeschäftes eine fast undurchdringliche Melange von Regeln, Arbeitsanweisungen und Vorschriften, Traditionen, Gewohnheiten und persönlichen Vorlieben (und Abneigungen), die es nicht nur einem Außenstehenden fast unmöglich macht, den Grund dafür zu ermitteln, warum eine Aufgabe so und nicht anders erledigt wird, sondern auch den Blick für positive Veränderungen trübt.

Mitarbeiter kommen sich manchmal vor wie die Kamele einer Karawane, die – eines am anderen festgebunden – durch die Wüste trotten. Das Ziel kennen sie nicht und an jedem Halt bekommen sie neue Lasten aufgepackt. Ihr Interesse beschränkt sich auf das nächste Wasserloch, und das Verhältnis zu ihren »Kameltreibern« entspricht dem äthiopischen Sprichwort »das erste Kamel einer Karawane hält alle auf, das letzte bekommt die Prügel«.

*Wenn dann Führungskräfte (meist nach dem Besuch von Tagungen und Seminaren) beschließen, zu neuen Ufern aufzubrechen und ihren Feldherrenhügel besteigen, um mit großer Geste der Karawane den Weg ins gelobte Land zu weisen, brauchen sie sich nicht zu wundern, wenn nach kurzer Unruhe alles wieder in den alten Trott fällt, weil sich ja eh nichts ändert und **weil man es so gewohnt ist.***

Wenn wir einen Körper bewegen oder einen in Bewegung befindlichen Körper in eine andere Richtung lenken wollen, müssen wir eine der stärksten physikalischen Kräfte, die Massenträgheit, überwinden. Das erfordert hohen Energieaufwand und wird auch nur möglich sein, wenn wir die Eigenschaften des Körpers sowie die von ihm ausgehenden und auf ihn einwirkenden Kräfte kennen.

Im übertragenen Sinne gilt dies natürlich auch für die Menschen. Nur wenn wir wissen, was sie bewegt, was sie antreibt, umtreibt oder hemmt, können wir erfolgreich Einfluß ausüben. Daraus – und nicht aus irgendwelchen altruistischen Motiven – wird der zwingende Schluß abgeleitet, die individuelle Person des Mitarbeiters sowie das Wissen um seine Motive und Antriebskräfte in den Mittelpunkt aller Maßnahmen zur Entwicklung, Veränderung und Verbesserung der betrieblichen Leistungen stellen zu müssen.

Natürlich ist diese Erkenntnis nicht neu. Spätestens seit Maslows motivationsorientierter »Bedürfnispyramide«[12] und Mc Gregors aus gegensätzlichen Menschenbildern entwickelter Theorie »X und Y«[13] ist die Bedeutung individueller Zielsetzungen der Mitarbeiter für die Belange des Unternehmens Gegenstand intensiver Diskussion. Andere Führungskonzepte gleicher Denkrichtung wie z. B. das stark anreizorientierte »Job-Enlargement« von Herzberg[14] , der alle (Führungs-)Beziehungen im Unternehmen entweder in *Hygienefaktoren* (Organisationsabwicklung, Kontrolle, Kommunikation, Arbeitsbedingungen, Vergütung) oder in *Motivatoren* (Arbeitsleistung, Anerkennung, Entfaltungsmöglichkeiten, Verantwortung) aufteilt, oder auch das »Manage-

---

[12] A. H. Maslow: Motivation and Personality, New York 1954
[13] D. Mc Gregor: The human side of Enterprise, New York 1960
[14] F. Herzberg/B. Mausner/B. Synderman: The motivation to work, New York 1959

rial Grid« von Blake/Mouton[15] mit seinem situativen Führungs-
ansatz leiten aus ihren Modellen ebenfalls stark mitarbeiterzen-
trierte Führungsempfehlungen ab.

Das Problem dieser (und anderer entsprechender) Modelle
ist, daß sie entweder nur einen Teilaspekt des komplexen Bezie-
hungsgeflechtes Mitarbeiter/Unternehmen, Mitarbeiter/Füh-
rungskraft und Mitarbeiter/Mitarbeiter behandeln, oder aber
aufgrund ihres theoretischen Modellcharakters nur unter ganz
bestimmten Voraussetzungen auf den betrieblichen Alltag übertragbar sind. Hinzu kommt, daß Manager immer auf der Suche
nach einfachen Rezepten sind, und deshalb bisweilen dazu neigen, derartige umfangreiche und vielschichtige Denkansätze auf
ihre Kernaussagen reduziert als simple Handlungsanweisungen
zu begreifen.

Dennoch, es drängt sich der Verdacht auf, daß hinter fast
allen derartigen Modellen eine nach wie vor ausgeprägt mecha-
nistische Sichtweise steckt: Zwar wird der Mitarbeiter nicht
mehr nur wie in den Zeiten der *wissenschaftlichen Betriebsführung* als Objekt, sondern als Subjekt gesehen. Es wird ihm eine
individuelle Persönlichkeitsstruktur zugestanden und anerkannt, daß seine Leistung in einer direkten Relation zu seiner
Befindlichkeit steht. Man glaubt jedoch, diese durch die Anwendung geschlossener kybernetischer Modelle steuern zu können[16]
(Abb. 6). Also die Vorstellung, mit Hilfe bestimmter Maßnahmen in bestimmten Situationen bestimmte Reaktionen und Verhaltensweisen »erzeugen« zu können. Das ist nicht nur naiv,
sondern auch zutiefst inhuman, stempelt es doch die Mitarbeiter in letzter Konsequenz zu Pawlow'schen Hunden, die auf
Verabreichung gewisser Reize *immer* in vorhersehbarer Weise
reagieren.

Dieser verhaltensbiologische Ansatz spukt in den Köpfen vieler Führungskräfte herum und hat sich unter dem Sammelbegriff
der *Motivation* zu einem Zauberwort entwickelt, das nahezu alle
Beziehungen zwischen Führungskraft und Mitarbeitern beschreibt. Es ist fast unmöglich geworden, ein Gespräch über Füh-
rungs- oder Personalfragen zu führen, ohne daß einem dieser

[15] R.R. Blake/J.S. Mouton: The managerial grid, Houston 1964
[16] Claus Steinle: Führung, Stuttgart 1978

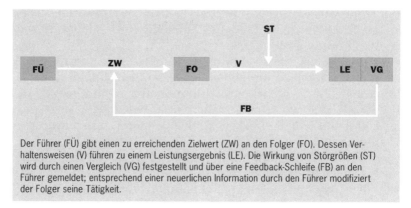

Der Führer (FÜ) gibt einen zu erreichenden Zielwert (ZW) an den Folger (FO). Dessen Verhaltensweisen (V) führen zu einem Leistungsergebnis (LE). Die Wirkung von Störgrößen (ST) wird durch einen Vergleich (VG) festgestellt und über eine Feedback-Schleife (FB) an den Führer gemeldet; entsprechend einer neuerlichen Information durch den Führer modifiziert der Folger seine Tätigkeit.

Abbildung 6   Kybernetischer Führungsbegriff

Begriff völlig undifferenziert um die Ohren gehauen wird – ohne Rücksicht auf seine Komplexität und situative Widersprüchlichkeit.

Versuchen wir zunächst eine Begriffsbestimmung: **Motivation** *(lat. movere = bewegen; motus, motio = Bewegung, Tätigkeit)* ist die Summe der Beweggründe (Motive), die das menschliche Handeln auf den Inhalt, die Richtung und die Intensität hin beeinflussen. Oder auch:

- **Dasjenige in und um uns, was uns dazu bringt, treibt, bewegt, uns so und nicht anders zu verhalten** *(Graumann).*
- **Ein Wirkungsgefüge vieler Faktoren eines gegebenen Person-Umwelt-Bezuges, die das Erleben und Verhalten auf Ziele richten und steuern** *(Heckhausen).*
- **Die Verhaltensbeeinflussung durch äußere Anreize, die auf innere Antriebe abzielt** *(Rahn).*[17]

Welche der verschiedenen möglichen Motive im Einzelfall wirksam werden oder sich gegenseitig ausschließen, hängt von der Stärke und Vereinbarkeit innerhalb der Motive und der Aussicht auf Erreichung eines bestimmten Zieles ab. Dabei werden bestimmte Gegebenheiten **individuell in unterschiedlicher Weise**

---

[17] Horst-Joachim Rahn: Betriebliche Führung, Ludwigshafen 1990. Hier auch die Zitate von Graumann und Heckhausen.

interpretiert und können entsprechend motivierend oder auch demotivierend wirken.

Diese unterschiedliche Interpretation der äußeren Anreize hat zur Folge, daß nur dann einigermaßen zutreffende Aussagen über das zukünftige Verhalten einzelner Individuen getroffen werden können, wenn sehr weitgehende Informationen über deren innere Antriebe vorliegen. Das heißt, **Aussagen zur Motivation von Mitarbeitern ohne Kenntnis ihrer Ziele, Antriebskräfte und ihres privaten Umfeldes gehören in das Reich der Phantasie und haben deshalb nur selten etwas mit der Realität zu tun.**

Der generelle Begriff der Motivation, aus seinem wissenschaftlichen Kontext herausgelöst und auf eine Gruppe von Mitarbeitern übertragen, ist absolut nichtssagend, da nur durch die Betrachtung des Einzelfalles brauchbare Einsichten gewonnen werden können. Nicht *das* Unternehmen, *die* Abteilung oder *die* Gruppe sind »motiviert«, sondern bestenfalls die individuelle Mitarbeiterin oder der Mitarbeiter.

Wir müssen also der Frage nachgehen, was einen Mitarbeiter dazu bewegen kann, sich mit den Zielen seines Unternehmens so zu identifizieren, daß deren Erreichung ihm persönliche Befriedigung und Genugtuung bereitet. Die naheliegende Antwort darauf ist: *Leistung muß belohnt werden!* Man könnte aber auch sagen: *Wenn die Mohrrübe, die ich dem Esel vors Maul halte, nur groß genug ist, wird er jeden Karren ziehen.*

Neben den schon obligatorischen Geldprämien lebt inzwischen eine boomende Branche davon, den Firmen immer tollere und trickreichere Anreize (= Incentives) anzubieten und zu organisieren. Von der feierlichen Verleihung des Hausordens (»Ritter des Verkaufs«) in historischem Ambiente bis zu Abenteuer- und Lustreisen in exotische Länder gibt es kaum noch ein Angebot, das nicht in den Katalogen einschlägiger Agenturen zu finden ist. Es scheint fast jedes Mittel recht zu sein, um die Mitarbeiter zu mehr Leistung »anzuspornen«. Die Folge ist natürlich auch, daß mit der Zeit ein Gewöhnungseffekt eintrat und immer stärkere Anreize erwartet werden. Und wenn diese dann einmal ausbleiben, sind Frust und Demotivation unausweichlich.

Eine besonders hinterhältige Form des Incentives ist, nicht die Mitarbeiter, sondern deren Ehefrauen zu »belohnen«. (In der Er-

wartung, daß die zu kurz Gekommenen zukünftig ihre Männer mit Fußtritten zur Arbeit jagen, wenn sie erleben mußten, daß die Frau des erfolgreicheren Kollegen bei der Betriebsfeier einen Pelzmantel oder einen Einkaräter überreicht bekam).

Dieses ganze »Belohnungsdenken« führt im Endeffekt dazu, daß Mitarbeiter ihr Gehalt nur noch als Anwesenheitsprämie ansehen und immer dann, wenn bestimmte Erwartungen in sie gestellt werden, erst einmal die Hand aufhalten. (Ein aktuelles Beispiel: Eine Sparkasse, die zur Qualifizierung ihrer Nachwuchs-Kräfte ein Job-Rotation-Programm einführen möchte, soll nach der Forderung ihres Personalrates dafür eine »Mobilitäts-Prämie« bezahlen, wobei die geforderte Mobilität nicht über die Grenzen des Landkreises hinausgeht).

Mit dieser Form von Anreizsystemen wird nicht die Identifikation der Mitarbeiter mit ihrem Betrieb, sondern ausschließlich die Beförderung persönlicher Interessen unterstützt. Daran ändert auch nichts die Erkenntnis, daß die Familie erheblichen Einfluß auf die Leistungsbereitschaft ausübt. Reinhard K. Sprenger[18] zitiert u. a. eine Studie der Psychologen-Vereinigung in Ohio aus dem Jahr 1990, in der 42 % der befragten Angestellten Schwierigkeiten mit dem Partner als wichtigste Produktivitätsbremse angaben. Klar, wenn der Partner oder die Partnerin das berufliche Engagement – aus welchen Gründen auch immer – nicht mittragen oder sogar ablehnen, fehlt ein wichtiger Rückhalt. Aber direkten Einfluß in Form von Geschenken auf die Familie auszuüben, kann vielleicht einmal ein Einzelproblem »zudecken«, wird aber die innere Einstellung des Mitarbeiters zu seinem Unternehmen und zu seiner Arbeit nicht dauerhaft beeinflussen können.

Sprenger differenziert zwischen

- »Motivation«, die die Eigensteuerung des Individuums bezeichnet und daher diesem ganz alleine eignet, ganz allein gehört und der
- »Motivierung«, als absichtsvollem Handeln eines Vorgesetzten oder als dem Funktionieren von Anreizsystemen, das mithin notwendig als *Fremd*steuerung auszuweisen ist.

---

[18] Reinhard K. Sprenger: Mythos Motivation, Frankfurt/New York 1994

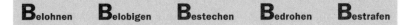

Er charakterisiert das »Motivieren« mit den oben dargestellten fünf großen »B«. Für ihn ist dies nichts anderes als *Fremdsteuerung* und *Manipulation*, die nicht den Mitarbeitern, sondern vor allem der Bedürfnisbefriedigung der Führungskräfte dient und in letzter Konsequenz in der Aussage gipfelt: »**Alles Motivieren ist Demotivieren**«.

Etwa so wie bei der Mutter, die ihrem Kind für jeden Löffel Lebertran, den es einnehmen muß, einen Groschen ins Sparschwein wirft. Und wenn das Sparschwein dann voll ist, wird davon eine neue Flasche Lebertran gekauft.

Es geht nicht darum, daß *besondere* Leistungen nicht anerkannt werden sollen. Wer Überdurchschnittliches oder Herausragendes leistet, soll – auch finanziell – dafür honoriert werden. Dies ist eigentlich eine Selbstverständlichkeit, die keiner gesonderten Erörterung bedarf. Sondern es geht darum, daß ein Arbeitsvertrag – als eine Vereinbarung unter erwachsenen Menschen – unter anderem zum Inhalt hat, daß der Arbeitnehmer sein **gesamtes Wissen, Können und Wollen** (und nicht etwa nur die Hälfte oder ein Drittel davon) einsetzt, um die ihm übertragenen Aufgaben zu bewältigen. Und dafür soll er ein angemessenes Gehalt bekommen. Durch entsprechende Anreize diese Leistung *dauerhaft* erhöhen zu wollen, unterstellt zwei Alternativen:

- **Der Mitarbeiter erbringt (bewußt oder unbewußt) nur einen Teil der mit ihm vereinbarten Arbeitsleistung oder**
- **es werden mehr als 100% Leistungserfüllung von ihm erwartet.**

Im ersten Fall muß mit geeigneten Mitteln (wozu sicher nicht das Winken mit der Bratwurst gehört) »Vertragstreue« hergestellt werden, im zweiten Fall droht mit der Zeit Überforderung und »Ausbrennen« des Mitarbeiters und damit Schaden für das Unternehmen.

Wenn allerdings festgestellt wird, daß ein Mitarbeiter über Kapazitäten verfügt, die über die in ihn gestellten Erwartungen hinausgehen, muß neu mit ihm verhandelt und ihm im Rahmen der Personalentwicklung dasjenige Aufgabengebiet übertragen

45

werden, das seinem fachlichen und intellektuellen Leistungsniveau entspricht. Nicht die Bedeutung und Menge der ausgelobten Anreize entscheidet über das Qualitäts- und Leistungsniveau eines Unternehmens, sondern ausschließlich die Frage, inwieweit es gelingt, bei *allen* Mitarbeitern Anforderungsprofil und Leistungsprofil auf Dauer in Einklang zu bringen.

Das mögen zwei Beispiele veranschaulichen:
1. Der Leiter einer Kreditabteilung muß sich neben der Wahrnehmung seiner Führungs- und Steuerungsaufgaben nicht nur mit Grundsatzfragen auseinandersetzen, sondern auch zur Betreuung und Risikosteuerung seiner Engagements ständig die wirtschaftliche Entwicklung im und außerhalb des Geschäftsgebietes sorgfältig beobachten. Die von ihm zu treffenden Entscheidungen haben erhebliche Auswirkungen auf die Risiko- und Ertragslage seines Hauses. Diese Aufgabe erfolgreich zu bewältigen, erfordert ein hohes Maß an Verantwortungsbewußsein, unternehmerischem Denken und persönlichem Engagement und ist sicherlich auch nicht im Rahmen eines 8-Stunden-Tages zu leisten.
2. Der Sachbearbeiter im Rechnungswesen ist dann ausreichend motiviert, wenn er die ihm übertragenen Aufgaben innerhalb seiner Arbeitszeit zuverlässig, vollständig, fristgemäß und *gerne* erledigt.

Zwei völlig unterschiedliche Ausprägungen des Motivationsgedankens. Während im Fall des Abteilungsleiters zweifellos ein hohes Maß an Arbeitsmotivation erforderlich ist, genügt es, dem Sachbearbeiter die Ziele seiner Arbeit zu erläutern und ihm das Gefühl zu vermitteln, ein wichtiges und geschätztes Mitglied seiner Gruppe zu sein.

Niemand kann (und sollte das auch nie versuchen) **sämtliche** Mitarbeiter eines Hauses in gleicher Weise »motivieren«. Die Datentypistin zum Beispiel, die nachts im Bett steht und über die Zukunft ihrer Sparkasse nachgrübelt, ist entweder auf ihrem Arbeitsplatz völlig fehl am Platze oder – und das ist das Wahrscheinlichere – das Hirngespinst einer fehlgeleiteten Führungskraft.

Dagegen sprechen nicht nur unterschiedliche Anforderungs- und Leistungsprofile, sondern auch das egozentrische Verhältnis jedes einzelnen zu seiner Umwelt. Daher müssen Mitarbeiter entsprechend ihrer Lebensplanung, ihren persönlichen Zielen und ihrer daraus resultierenden Einstellung zur Arbeit so eingesetzt werden, daß eine möglichst hohe Übereinstimmung zwischen den Forderungen des Unternehmens und ihren individuellen Ansprüchen hergestellt werden kann.

Man findet in einem Unternehmen grundsätzlich drei Typen von Mitarbeitern mit jeweils ganz unterschiedlichen Lebens- und Arbeitsschwerpunkten:

Typus	Beschreibung	Schwerpunkt
A	(1) MA, die am Anfang ihres Berufslebens stehen. (2) MA, die im Rahmen eines fest umrissenen Aufgabengebietes vorwiegend repetitive Aufgaben wahrnehmen. (3) Sog. „Zweitverdiener", die nicht aus wirtschaftlichen Zwängen, sondern zur Finanzierung von Investitionen oder Freizeitaktivitäten der Familie arbeiten.	*Ausschließlich außerhalb des Unternehmens im privaten Bereich.*
B	(1) Nachwuchskräfte in ihrer beruflichen Orientierungsphase. (2) Qualifizierte Sachbearbeiter, die im Rahmen ihres Sachgebietes selbständig und eigenverantwortlich handeln. (3) Führungskräfte nachgeordneter Hierarchieebenen mit eingeschränkter Führungs- und Handlungsverantwortung.	*Überwiegend außerhalb des Unternehmens, mit zeitweiliger Dominanz betrieblicher Belange.*
C	(1) Entscheidungsträger und Führungskräfte mit umfassender Führungs- und Steuerungsverantwortung.	*Überwiegend innerhalb des Unternehmens.*

Natürlich gibt es wie bei jedem derartigen Versuch einer typologischen Einordnung fließende Übergänge und Sonderfälle. Ein – leider nicht allzu selten anzutreffender – Sonderfall sind zum Beispiel die »ausgebrannten« und im »inneren Vorruhestand« befindlichen Mitarbeiter (nicht gemeint sind Mitarbeiter, die aufgrund psychischer oder gesundheitlicher Probleme abbauen). Es handelt sich meist (aber nicht nur) um langjährige und ältere Mitarbeiter, die nicht (oder nicht mehr) bereit sind, mehr als das absolute Minimum zu leisten. Sie fühlen sich als Opfer: weil sie sich bei Beförderungen übergangen fühlen, eine Fusion oder einen Generationswechsel im Vorstand nicht »verkraftet« haben, oder schlicht, weil sie keine Lust mehr haben.

Sie wissen, wenn sie nicht in die Portokasse greifen, kann ihnen aufgrund ihrer langjährigen Betriebszugehörigkeit und der Besonderheiten des Tarifrechtes kaum etwas passieren. Sie kritisieren lautstark jede Maßnahme der Unternehmensleitung (aber immer als Sorge um das Gemeinwohl kaschiert) und suchen sich für ihre negative Einstellung Verbündete, weshalb sie häufig als besonders sozial gelten und gerne in die Personalvertretungsorgane gewählt werden. Solche Mitarbeiter sind eine Pest und können einen ganzen Betrieb »versauen«. Dabei spielt es überhaupt keine Rolle, ob ihre negativen Erfahrungen selbstverschuldet sind oder ob sie, wie sie glauben, tatsächlich Opfer von Vetternwirtschaft und Despotismus sind. Denn sie verschaffen sich ihre (für jeden Menschen existentiellen) Erfolgserlebnisse auf informeller Ebene und üben einen unheilvollen Einfluß insbesondere auf junge und unerfahrene Mitarbeiter aus.

Wenn offene Gespräche nichts nützen, **muß** eine für alle Beteiligten schmerzhafte (und für das Unternehmen sicher kostspielige) Trennung herbeigeführt werden. Denn **Personalprobleme lösen sich nicht von selbst!** Die verbreitete Hoffnung, daß sich ein derartiger Fall »irgendwie« (womöglich durch natürlichen Abgang, Erbschaft oder Lottogewinn), vor allem aber ohne Zutun der verantwortlichen Führungskraft lösen ließe, ist trügerisch und vergeblich! Das zeigt leider jede Erfahrung.

Doch zurück zu unseren Mitarbeitertypen. Wenn wir bereit sind, diese (sicherlich sehr grobe) Typologie in ihrer Grundtendenz zu akzeptieren, müssen wir auch erkennen, daß den äußeren Einflußmöglichkeiten auf die Leistungsbereitschaft einzelner Grenzen gesetzt sind. Die nachstehende Tabelle zeigt einige der möglichen Formen direkter Einflußnahme:

Für die Gruppen »A« und »C« werden keine über die Wahrnehmung der »normalen« Führungsaufgabe hinausgehenden Einflußmöglichkeiten genannt. Im Fall A, weil dies nicht viel Sinn hätte (eine den Vorgaben entsprechende Aufgabenerledigung ist absolut ausreichend und die aus dem privaten Bereich resultierenden Antriebskräfte herrschen eindeutig vor), im Fall »C«, weil es *nicht notwendig* ist, bei diesem Personenkreis kann sich die

Typus	Einflußmöglichkeit
A	(1) behutsame Hinführung des Mitarbeiters auf berufliche Erfolgs-erlebnisse (Führung). (2) keine (3) keine
B	(1) Fachliche und persönliche Weiterbildung, sowie schrittweise Übertragung anspruchsvoller Aufgaben und entsprechender Verantwortung (Personalentwicklung). (2) Umfassende Informationen, offene und direkte Kommunikation durch Unternehmensleitung und Führungskräfte. (3) Vermittlung von Führungswissen und Übertragung von Führungs-verantwortung (Personalentwicklung).
C	(1) keine

Motivation nur aus inneren Zielen und Antriebskräften im Rahmen der individuellen Persönlichkeitsstruktur entwickeln. Selbststeuerung und Selbstbestimmung dominieren, und ihre Quellen sind in aller Regel Einflußversuchen Dritter nicht zugänglich.

Es bleibt die Gruppe »B« als eigentlicher Bereich zur Leistungsbeeinflussung. In diesem »Mittelbau« bestehen noch die besten Aussichten, durch behutsame Anstöße latent vorhandene Potentiale zu fördern und zu entwickeln. Denn aus dieser Gruppe muß durch Orientierungshilfen (Zielfindung) und Persönlichkeitsentwicklung die zukünftige Führungselite eines Hauses herangezogen werden. Nicht durch die bereits genannten Sprenger'-schen großen »B«, sondern durch **Information, Kommunikation, Partizipation** und **Teamorientierung** als wesentliche Elemente eines zukunftsweisenden Führungs- und Personalentwicklungskonzeptes.

Jedes Unternehmen stellt einen eigenen Mikrokosmos, bestehend aus einer Summe von Individuen, dar. Nur wenn es gelingt, diese Einzelpersönlichkeiten zu einem *gemeinsamen* Denken und Handeln zu bewegen, wird auch das Unternehmen als solches in der Lage sein, einen übergeordneten Individualismus, eine Art von Persönlichkeit zu entwickeln.

Gemeinsames Denken und Handeln im Sinne einer bedingungslosen Unterwerfung des einzelnen unter die Ziele des Unternehmens spielt z. B. in der japanischen Wirtschaft eine überragende Rolle. Und nicht wenige sehen darin den eigentlichen Grund für deren weltweiten Erfolg in den letzten Jahrzehnten. Es gab zahlreiche Versuche, durch die Übernahme japanischer Managementtechniken auf »westliche« Betriebe an diese Erfolge anzuknüpfen. Diese waren und sind aber in ihrer Gesamtheit zum Scheitern verurteilt, wenn nicht das spezifische kulturelle und soziologische Umfeld, aus dem heraus sie sich entwickelt haben, angemessen berücksichtigt und ihr Gedankengut in eine uns vertraute Begriffswelt transponiert wird.

Der japanischen Kultur ist unser sowohl in den christlichen Erlösungsreligionen als auch in seinem vom Humanismus bestimmten kulturellen Umfeld verankerter Individualismus völlig fremd. Japaner sehen sich als Glied einer langen Generationenkette. Sie suchen Sinnstiftung und Geborgenheit in der Gemeinschaft, und die Ziele und Normen der verschiedenen soziologischen Gruppen, denen sie angehören (wie z. B. Abteilung, Betrieb, Branche usw.), bestimmen durchweg ihr Denken und Handeln. Deshalb steht für sie nicht Selbstverwirklichung und die Befriedigung individueller Bedürfnisse, sondern Gemeinschaftserlebnis und Gruppenerfolg an erster Stelle.

Es mag paradox klingen: Das Wichtigste, was wir heute von Japan lernen können, ist **die Art des Lernens**. Die kamerabewehrten Japaner, die in den Jahren nach dem Zweiten Weltkrieg in alle Welt ausschwärmten, in den Betrieben jeden herumstehenden Farbeimer und auf Messen noch den letzten ausgestellten Reisewecker fotografierten, »um modernes Management zu studieren«, waren solange Gegenstand herablassender Heiterkeit, bis es ihnen gelungen war, aus den zusammengetragenen Informationen (und auf der Basis zahlreicher in den westlichen Industrieländern entwickelter theoretischer Grundlagen) Produktionssysteme von solcher Wirtschaftlichkeit und Effizienz zu entwickeln, daß sie damit innerhalb weniger Jahre ganze Industriezweige vom Markt fegten.

Sie verstanden es (und verstehen es auch heute noch), betriebswirtschaftliche Erkenntnisse ohne Brüche in den Kontext ihres soziologischen Umfeldes zu übertragen und die Bedürfnisse der Mitarbeiter in ihre Managementsysteme zu integrieren.

Masaaki Imai[19] bezeichnet als Quintessenz der »einzigartigen japanischen« Managementpraktiken **die Einführung eines prozeßorientierten Denkens und die Entwicklung von Strategien zur ständigen Verbesserung unter Einbeziehung von Mitarbeitern aller Hierarchieebenen.**

Und so, wie einerseits »*die Überzeugung von der Notwendigkeit einer nie endenden Verbesserung tief in der japanischen Mentalität verwurzelt ist*«[19], wird es andererseits kaum möglich sein, diese Detailbesessenheit und dieses Denken in kleinsten Schritten auf unsere westliche Verständniswelt zu übertragen, die doch die individuelle Einzelleistung, den »großen Wurf« so sehr bewundert. Wir müssen daher Methoden und Systeme entwickeln und anwenden, die zwar unserem Verständnis und vor allem dem Verständnis unserer Mitarbeiter entsprechen, aber dennoch unter der Prämisse lebenslangen Lernens offen genug sind gegenüber dem »Blick über den Gartenzaun«.

In Deutschland, wie in anderen Ländern des westlichen Kulturkreises, wird jedes System, das Mitarbeiter nicht als Individuen begreift und infolgedessen diesen Individualismus nicht als Systemelement definiert, auf Dauer scheitern. Denn *den* Mitarbeiter oder *die* Mitarbeiterin gibt es nicht. Jeder hat seine eigenen, höchst persönlichen Ängste, Wünsche und Hoffnungen, die er in sein Arbeitsleben einbringt und die ihn den Tag über begleiten.

Eines der großen Schlagworte unserer Zeit ist der vielbeschworene *Wertewandel* (oder auch *Werteverlust*) in unserer Gesellschaft. Zahlreiche Untersuchungen belegen inzwischen, daß Tugenden wie *Verantwortungsbewußtsein, Ordnungsliebe, Disziplin, Fleiß und Loyalität,* die einstmals das deutsche Wirtschaftswunder nach dem Zweiten Weltkrieg getragen haben, im Wertekanon der heutigen Generation keine entscheidende Rolle mehr spielen. Die Einstellung zum Leben ist ausgesprochen lustbetont, **alles** soll Spaß machen (kaum ein Werbeslogan, in dem nicht das Wort *fun* auftaucht). Das Privatleben dominiert, und der Beruf wird von vielen nicht mehr als geistige (und körperliche) Herausforderung, sondern nur noch als notwendiges Übel zur Finanzierung ihrer Freizeitaktivitäten empfunden.

---

[19] Masaaki Imai: a. a. O.

Der seit Jahrzehnten andauernde Kampf der Gewerkschaften um die Verkürzung der Arbeitszeiten hat zudem noch seine ideologischen Spuren hinterlassen: Erweckt er doch in seiner Zielrichtung und Argumentation den Eindruck, als sei Arbeit grundsätzlich menschenfeindlich und deshalb auf ein Mindestmaß zu beschränken.

Ein Angestellter kommt heute bei geschickter Disposition (und unter Ausnutzung aller Möglichkeiten der gleitenden Arbeitszeit) auf nahezu zwei Monate Urlaub im Jahr. Unterstellen wir dann noch eine tägliche Arbeitszeit von 7 bis 7,5 Stunden, brauchen wir uns nicht mehr zu wundern, wenn sich der Eindruck verfestigt, Berufstätigkeit sei nicht wesentlicher Lebensinhalt, sondern nur eine vorübergehende Störung des Tagesablaufs.

Natürlich gilt das gleichermaßen für die Lebensarbeitszeit, wie uns immer wieder knackige Vorruheständler auf den Tennisplätzen und beim Joggen sinnfällig demonstrieren. Auch bei Gesprächen im privaten Kreis fällt auf, daß es scheinbar zu den erstrebenswertesten Lebenszielen gehört, mit 50 oder 55 »den Bettel hinzuschmeißen«. Ganz zu schweigen von unseren Staats*dienern*, die offensichtlich von der Bürde ihres Amtes so niedergedrückt werden, daß die wenigsten bis zu ihrem regulären Pensionsalter durchhalten. (Eine Umfrage der WELT aus dem Jahr 1995 bei den zuständigen Landesrechnungshöfen und Finanzministerien ergab, daß in den alten Bundesländern zwischen 60 und 85 % der Landesbeamten vorzeitig in den Ruhestand treten). So verständlich und vielleicht auch begründet das im Einzelfall sein mag, muß man sich doch die Frage stellen, wie eigentlich unsere Volkswirtschaft auf Dauer einen internationalen Spitzenplatz behaupten will, wenn ausgerechnet die Generation der Fünfzigjährigen, die aufgrund ihres Wissens und ihrer Erfahrung das Rückgrat der Wirtschaft bilden, anscheinend kein größeres Ziel hat, als sich baldmöglichst aus dem Leistungsprozeß auszuklinken. *Oder geht es vielleicht nur vielen so gut, daß sie es einfach nicht mehr nötig haben?*

Natürlich geht es dabei nicht um diejenigen älteren Arbeitnehmer, die über Teilzeitregelungen und gleitenden Ruhestand der nachrückenden Generation den Einstieg in das Berufsleben ermöglichen oder um die arbeitsmarktpolitischen Effekte der Arbeitszeitflexibilisierung. Es geht vielmehr um die Leistungsträger in Wirtschaft und Verwaltung, deren Identifikationsmöglichkeit mit ihrem Beruf und der damit verbundenen Verantwortung scheinbar mit den Jahren immer mehr abhanden gekommen ist (und mittlerweile wohl auch in keinem nachvollziehbaren Verhältnis mehr zu den ihnen gemeinhin bewilligten Gehältern steht).

Die Suche nach Selbstbestätigung und nach dem emotionalen *Kick* verlagert sich offensichtlich mehr und mehr in den privaten Bereich: Sowohl Risikosportarten als auch Abenteuerurlaube (mit garantierter Gefahr für Leib und Leben) zeigen ungebrochenen Zulauf, Ersatzreligionen schießen wie Pilze aus dem Boden, und selbsternannte Gurus jeglicher Couleur verkaufen Lebenshilfe *en gros* und *en detail*.

Besucht man einmal ein Fitness-Studio und schaut sich an, was sich die Menschen dort antun und wie sie sich schinden, stellt sich schon die Frage, was eigentlich passierte, wenn an ihrem Arbeitsplatz nur ein Bruchteil dessen von ihnen verlangt würde.

Und wenn sich Freizeitkicker jeden Sonntag gegenseitig die Knochen malträtieren und krückenbewehrte Rückkehrer aus dem Schiurlaub leuchtenden Auges von ihren komplizierten Brüchen berichten, kommt kaum einer auf die Idee, welche immensen Kosten dadurch für den Arbeitgeber und für die Allgemeinheit entstehen *(Der Besitz eines Tennisarms gilt sowieso schon als Ausweis gesellschaftlicher Reife).*

Woher kommt das alles? Sicherlich spielt eine zunehmende Orientierungslosigkeit eine Rolle:
- Die großen sinnstiftenden christlichen Religionen sind auf dem Rückzug.
- Die Identifikation mit nationalen Werten und Begriffen ist durch die Erfahrungen des Nationalsozialismus auf Generationen hinaus diskreditiert.
- Das gelobte »freie Spiel der Kräfte« der Marktwirtschaft (der Begriff der *sozialen* Marktwirtschaft scheint in letzter Zeit immer mehr aus dem Vokabular unserer Politiker zu verschwinden) fördert eine Selbstbedienungs- und Ellbogenmentalität zur Wahrung von Partikularinteressen, die nicht geeignet ist, *common*

sense und gesamtgesellschaftliche Verantwortung zu entwickeln und zu fördern.

Unsere Sozialsysteme haben sich in den vergangenen Jahren des Wohlstandes von einem »sozialen Netz« für viele zu einer »sozialen Hängematte« entwickelt, deren Möglichkeiten bis zum letzten ausgereizt werden.

- Eine allgemeine Politikverdrossenheit, hervorgerufen von einer Kaste grauer Berufspolitiker, die offensichtlich unfähig sind, in ihren Wählern mehr als Stimmvieh zu sehen, und deren Aktivitäten sich in parteipolitischen Grabenkämpfen sowie in der Förderung der eigenen Karriere zu erschöpfen scheinen.
- Eine ausufernde Medienlandschaft, die den Konsum verherrlicht, Voyeurismus und Geltungssucht propagiert und Vorbildfunktionen allein aus der Medienpräsenz herleitet, vereinnahmt immer größere Bereiche unseres Lebens und führt durch ihren Infantilismus und ihre Reizüberflutung zu Abstumpfung und nur noch partieller Wahrnehmung der Realität.

Wo und wie soll man sich da noch zurechtfinden? In den ersten Jahrzehnten nach dem Krieg war die Welt noch in Ordnung: Vaterfiguren, zu denen man aufsah, beherrschten die Politik, Gut und Böse waren säuberlich getrennt (die Russen waren böse und wir waren gut), Industriekapitäne bauten Imperien auf und zeigten uns, was man mit Leistungswillen, Fleiß und Beharrlichkeit alles erreichen kann, sonntags erklärte uns der Pfarrer von der Kanzel herab den Sinn des Lebens, und jedes Auto, das wir kauften, war größer, schöner, schneller und teurer als das vorherige. Ein grenzenloser Optimismus beherrschte die Welt. Alles schien möglich, alles machbar.

Inzwischen, nach mehr als fünfzig Jahren des Friedens und Wohlstandes in Deutschland, ist die Welt für uns klein geworden, und ihre Probleme, seien sie auch weit entfernt, berühren uns immer unmittelbarer. Täglich können wir sehen, hören und erleben, wie unsere Umwelt und unser ganzer Planet ausgeplündert und zerstört werden und wie ein Flächenbrand von Gewalt, geschürt durch Hunger, Nationalismus und religiösen Wahn, ein Land nach dem anderen verwüstet. Millionen von Armuts- und Kriegsflüchtlingen stehen an unseren Grenzen. Eine allgemeine Zukunftsangst macht sich breit. Unsere Wirtschaft stagniert, täg-

lich berichten die Zeitungen über den neuen »Abbau« von Zig-
tausenden von Arbeitsplätzen. Die Politik schwankt konzeptlos
zwischen Lethargie und hektischem Aktionismus, und die Exe-
kutive in Bund, Ländern und Kommunen erschöpft sich in Ver-
teilungskämpfen um Steuereinnahmen und ist sich nur noch
dann einig, wenn es um die Erhaltung der Privilegien ihres auf-
geblähten Verwaltungsapparates geht.

Soll man sich da noch wundern, wenn sich allzuviele in das
Schneckenhaus des Privaten zurückziehen und nicht mehr bereit
sind, sich für die Lösung betrieblicher Probleme zu engagieren,
wo sie doch täglich mit ansehen müssen, daß den hochbezahlten
Entscheidungsträgern der großen Institutionen in Politik und
Wirtschaft viel wichtigere Problemstellungen völlig gleichgültig
zu sein scheinen?

Hinzu kommt, daß bedingt durch eine extreme Arbeitsteilung, starre und machtbewußte Hierarchien sowie eine ausufernde und allgegenwärtige Bürokratie für viele der Sinn ihrer Arbeit
hinter Bergen von Vorschriften und Papier überhaupt nicht mehr
erkennbar ist. Sinnersatz und Kompensation durch Konsum auf
allen Ebenen waren über viele Jahre hinweg nicht nur allseits
anerkannter gesellschaftlicher »Deal«, sondern sie wurden ja gerade von der Wirtschaft als *das* erstrebenswerte Ziel propagiert,
galten sie (und gelten sie nach wie vor) doch als wesentliche
Antriebskräfte für weiteres Wachstum – und damit für klingende
Kassen.

Wollen wir also der nachwachsenden Generation den Vorwurf der Orientierungslosigkeit machen, ist dies in erster Linie
ein Vorwurf, den wir an unsere eigene Adresse zu richten haben.
Denn die Generation der heutigen Entscheidungsträger ist verantwortlich für den Ist-Zustand, und nur sie besitzt *Macht, Mittel*
und *Möglichkeiten,* ihn zu ändern. Anscheinend ist dabei bisher
nicht allzuviel Nachahmenswertes herausgekommen.

Ganz abgesehen davon: Das Lamento über »die Jugend von
heute« ist so alt wie die Menschheit. Noch jede Generation hielt
sich selbst für den Gipfel der Schöpfung und war zutiefst davon
überzeugt, daß alles, was nachkommt, keinen Schuß Pulver mehr
wert ist.

Wenn wir also Mitarbeiter »motivieren« wollen, wenn wir erreichen wollen, daß sie Befriedigung und Erfüllung auch im Rah-

men ihres Arbeitslebens suchen, daß sie das Leben nicht als Spielwiese und den Begriff der *Pflichterfüllung* nicht als die irdische Vorstufe des Fegefeuers begreifen, dann können wir das nur durch unser eigenes Beispiel und durch unser tägliches konsequentes Vorleben dieser Maximen. **Was wir nicht besitzen, können wir auch nicht weitergeben.**

Indessen – die Achtung vor der Person des Mitarbeiters gebietet auch, ihn als erwachsenen, mündigen und selbstbestimmten Menschen zu behandeln. Wenn er daher in aller Deutlichkeit zum Ausdruck bringt, daß er nicht willens oder in der Lage ist, den mit ihm geschlossenen Arbeitsvertrag nach Geist und Inhalt zu erfüllen, wird man diese von ihm getroffene Entscheidung respektieren und daraus die entsprechende Konsequenz ziehen müssen. Sie liegt, sollten Bemühungen zur Konfliktlösung (Umsetzung, Angebote zur Weiterbildung usw.) nicht greifen, entweder in einer leistungsadäquaten Herabstufung in Verbindung mit der Vereinbarung neuer Aufgaben oder in der endgültigen Trennung. (Selbst die so konsensorientierten Japaner stellen in einer derartigen Situation lapidar fest: »*Wenn vorgegebene Standards befolgbar sind, aber nicht befolgt werden, muß zu disziplinären Maßnahmen gegriffen werden*«[20]). Niemand kann (und soll) zu etwas »motiviert« werden, das er nicht wirklich will, oder – noch schlimmer – nicht kann. Eine – vom Mitarbeiter zu vertretende – deutliche und dauerhafte Diskrepanz zwischen Anforderungsprofil und Leistungsprofil entwickelt sich zwangsläufig zu einer Konfliktsituation, die im beiderseitigen Interesse gelöst werden muß.

Ein leider in der Praxis nicht allzu seltenes Beispiel dafür, wie das nicht geschehen sollte, ist die sog. »Doppelkopf«-Variante: Eine altgediente Führungskraft, von der man glaubt, daß sie nicht oder nicht mehr in der Lage ist, die in sie gesetzten Erwartungen zu erfüllen, erhält einen jüngeren Kollegen »zur Seite gestellt«. Die Stelle wird also doppelt besetzt, aber mit viel Tremolo in der Stimme versichert, daß dies selbstverständlich nicht der Fall sei, sondern es ausschließlich darum gehe, die für eine einzelne Person zu schwer gewordene Last auf mehrere Schultern zu verteilen. Es werden komplizierte Vereinbarungen hinsichtlich Zuständigkeiten, Kompetenzen und Verantwortlichkeiten getroffen (die nicht

---

[20] Masaaki Imai: a. a. O.

funktionieren und an die sich niemand hält) – und doch weiß im Grunde jeder im Betrieb, was wirklich gespielt wird.

Doppelte oder auch geteilte Führung birgt einen Widerspruch in sich und kann deshalb nicht funktionieren, denn Führungsverantwortung ist unteilbar! (Auch auf einem Tandem treten zwar zwei, es lenkt aber nur einer.) Schon nach kurzer Zeit werden – von wohlmeinenden Kollegen geschürt – Machtkämpfe einsetzen; den Schaden haben am Ende alle: die beiden Führungskräfte, von denen mit Sicherheit einer auf der Strecke bleibt, die betroffenen Mitarbeiter, weil Klarheit, Transparenz und Orientierung fehlen, und schließlich der ganze Betrieb durch einen unsinnigen Verbrauch wertvoller Ressourcen.

Die Mitarbeiter in ihrer Gesamtheit erwarten zu Recht von ihren Führungskräften Ehrlichkeit, Verläßlichkeit und Konsequenz in Wort *und* Tat und werten auch dies als Teil der sie umgebenden Unternehmenskultur.

2.2 Die Führungskraft

Könner, Coach oder Kontrolleur? Der japanische Unternehmensberater Minoru Tominaga[21] bezeichnet die klassische deutsche Managementmethode als 3-K-Methode: kommandieren, kontrollieren, korrigieren. Das mag arg teutonisch klingen, aber – seien wir ehrlich – es entspricht schon ein wenig unserem Naturell. Es ist nicht unbedingt unsere Sache, Willensbildung, Willensdurchsetzung und Willenssicherung in langwierigen und mühsamen Konsensgesprächen zu entwickeln. Das Bild des (zwar harten, aber gerechten) Kapitäns auf der Kommandobrücke, der stählernen Blickes und unbeirrt von Sturm und Wetter seinen Kurs hält, prägt nach wie vor unsere Vorstellung von erfolgsorientierter Führung.

Dabei sind die Amerikaner noch weit mehr als wir diesem »Kolumbus-Syndrom« verfallen.

Der dynamische Manager, der mit hochgerollten Hemdsärmeln, eine aufgelöste Sekretärin mit Klemmbrett im Schlepptau, wie ein Wirbelwind Tag und Nacht durch seinen Betrieb tobt und nach rechts und links Befehle bellt, hat nicht nur Generatio-

---

[21] Der Spiegel 51/1995

nen von Drehbuchschreibern in Hollywood beschäftigt, sondern unser Führungsverständnis vielleicht – via Leinwand und Bildschirm – stärker beeinflußt als die gesamte Managementliteratur.

Dynamik, Durchsetzungsvermögen und Entscheidungsfreude sind immer noch die bei Umfragen am häufigsten genannten Attribute einer erfolgreichen Führungskraft. Und so wie sich das heute noch überwiegend anzutreffende Modell der Aufbauorganisation – die Stab-Linien-Organisation – aus der hierarchischen Denkweise der Kirchen und Militärs herleitet, ist auch unser Führungs- und Steuerungsverständnis in weiten Bereichen von militärischen Denkmustern geprägt. »Strategien« und »Taktik« werden da bemüht, »schlagkräftige« Mannschaften auf die Beine gestellt, der Markt »aufgerollt« und die Konkurrenz »attackiert«, als gelte es eine feindliche Armee zu besiegen. Bei den Äußerungen so mancher Führungskraft riecht man geradezu den Pulverdampf, hört das Schnauben der Rösser und sieht die Säbel in der Sonne blitzen!

Hier weht einem doch bisweilen ein recht autoritäres Lüftchen entgegen, von dem man eigentlich annehmen sollte, es habe sich in der heutigen Zeit gänzlich gelegt. Dem ist aber leider nicht so. Man wird zwar kaum einmal jemanden treffen, der sich nicht – ob als Führungskraft oder als Betroffener – mit Überzeugung zu einem kooperativen und mitarbeiterorientierten Führungsstil bekennen würde, die tägliche Praxis sieht aber nicht selten anders aus. So wie das Pausengespräch eines Produktionsleiters (Typ »Deutsche Eiche«): »*Natürlich führe ich meine Mitarbeiter nach allen Regeln der Kunst, aber manchmal tritt eben eine Situation ein, da muß ich vor die Leute hinstehen und sagen: Jetzt vergessen wir mal das ganze Führungsgesülze, jetzt wird Deutsch geredet und hingelangt, sonst rauscht's!*« Offensichtlich ist das aus der Ratio gespeiste Wissen und Wollen eine Sache, das aus der Persönlichkeitsstruktur, »aus dem Bauch« des einzelnen resultierende *Können* jedoch eine ganz andere.

Der Soziologe Theodor W. Adorno prägte in einer 1950 veröffentlichten Studie (»*The autoritarian personality*«), die bis heute nichts von ihrer Aussagekraft verloren hat, den Begriff der »autoritären Persönlichkeit« und chakterisiert diese wie folgt:[22]

---

[22] zitiert aus: Erwin Küchle: Menschenkenntnis für Manager, Landsberg/Lech 1985

- Sie ist konservativ, nicht im positiv bewahrenden Sinne, sondern knöchern-beharrend, vor dem Hintergrund unverrückbarer Wertmuster.
- Ordnung, Reglement und Organisation werden beinahe fetischistisch gepflegt.
- Die autoritäre Persönlichkeit wird getragen von dem Gefühl, der bessere Teil der Welt zu sein; daraus begründen sich Herrschaftsansprüche und die Neigung, Fremdartiges als minderwertig abzutun.
- Sie ist Lernprozessen gegenüber verschlossen, erträgt kreative Verunsicherung nicht; sie arrangiert sich nicht mit Differenzierungen, die zu größerem Verhaltensrepertoire führen müßten; sie bevorzugt deshalb vereinfachende und damit »geordnete« Synthesen, die ihr Sicherheit geben. Am besten so eindeutig, daß die Komplexität des Lebens auf nur ein Prinzip vereinfacht werden kann, das womöglich auf eine Fahne paßt. Auf eine solche abstrakte Logik läßt sie sich voll fixieren –; die autoritäre Persönlichkeit nennt dieses Verhalten »Treue«. Für sie ist die Welt klar und in Ordnung, da entsprechend simplifiziert.
- Die eigene Sache (Gruppe) ist alles, und sie ist stark; das andersartige wird abgewertet, erfährt aber – wenn es den Starken um Schutz ersucht – evtl. einen Hauch von duldend-patriarchalischem Wohlwollen. Die Vorsehung hilft den Starken.
- Humanität, Großzügigkeit stehen in der Nähe schwächlicher Schlamperei; Ordnungsprinzip und bürokratisches Element treten als Alibifunktion ein und sorgen – wenn erfüllt – für gutes Gewissen, auch wenn der Mensch dabei überfahren wird. Die autoritäre Persönlichkeit nennt dieses Verhalten Pflichtbewußtsein.
- Sie ist zutiefst angewiesen auf Anerkennung und Lob, deshalb über Gebühr empfänglich für alle Art von Ehrungen. Diese Persönlichkeitskomponente sorgt dafür, daß nach oben Lob-saugende Ehrfurchtshaltung eingenommen wird, knappenartige Loyalität und bedingungslose Identifikation mit dem Chefwillen.
- Dementsprechend wird nach unten getreten, hartherzig oder herablassend agiert und ebensolche bedingungslose Unterwerfung vom Untergebenen erwartet.

Ein beklemmendes Persönlichkeitsbild, das hier gezeichnet wird, das aber – zumindest in Teilbereichen – eine immer wieder erfahrbare Wirklichkeit widerspiegelt.

Um keine Mißverständnisse aufkommen zu lassen: *Autoritär* hat nichts mit Autorität zu tun. Während Autorität ein soziales Verhältnis darstellt, in dem die Macht, der Vorrang oder die Überlegenheit von Personen als legitim anerkannt wird und diese Anerkennung auf *freiem Entschluß* oder *Einsicht* in diese Legitimität beruht, ist »autoritär« eine durch Vorurteile und Intoleranz geprägte Persönlichkeitseinstellung eines einzelnen.

Seit sich in den sechziger Jahren die Führungswissenschaft als eigenständige Disziplin zu etablieren begann, beschäftigten sich zahllose Forschungsprojekte und eine kaum noch überschaubare Menge von Publikationen mit der Frage, wie denn erfolgreiche

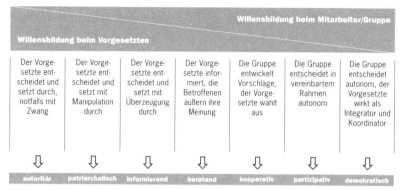

Willensbildung beim Vorgesetzten				Willensbildung beim Mitarbeiter/Gruppe		
Der Vorgesetzte entscheidet und setzt durch, notfalls mit Zwang	Der Vorgesetzte entscheidet und setzt mit Manipulation durch	Der Vorgesetzte entscheidet und setzt mit Überzeugung durch	Der Vorgesetzte informiert, die Betroffenen äußern ihre Meinung	Die Gruppe entwickelt Vorschläge, der Vorgesetzte wählt aus	Die Gruppe entscheidet in vereinbartem Rahmen autonom	Die Gruppe entscheidet autonom, der Vorgesetzte wirkt als Integrator und Koordinator
⇩	⇩	⇩	⇩	⇩	⇩	⇩
autoritär	patriarchalisch	informierend	beratend	kooperativ	partizipativ	demokratisch

Abbildung 7   Varianten des Führungsstils (nach Steinle)

Führung auszusehen habe und welcher Führungsstil – auf einer Skala von »autoritär« bis »demokratisch« (Abb. 7) – in bestimmten Situationen am wirksamsten ist. Nach Steinle[23] können die elementaren Bestandteile der betriebswirtschaftlichen Führungswissenschaft durch folgende Problemfelder abgegrenzt werden:

● Was sind die grundlegenden Ziele, die mit Hilfe des Einflußprozesses realisiert werden sollen?

● Auf welche Art und Weise erfolgt die Einwirkung auf das Handeln; welche Instrumente können unterschieden werden?

● Welche Wirkung haben die Instrumente im einzelnen, im Gesamt eines Verbundes und unter Einbezug situativer Determinanten?

● Welche normativen, wertgebundenen Einflußfaktoren sind hierbei von Bedeutung?

Also kurz und bündig: *Was wollen wir? Wie erreichen wir es? Und was müssen wir dabei beachten?*
Was wollen wir? Da ist zunächst einmal das Unternehmen, sein Leitbild und seine Grundsätze. Diese müssen nicht nur beschrieben werden, sondern tatsächlich auch Richtschnur täglichen Handelns darstellen. Hierbei stellt sich das Problem, daß sie – da sie den eigentlichen Daseinszweck und das ideelle Fundament eines Unternehmens beschreiben – zwar auf generelle Aussagen angewiesen sind, aber immer auch eindeutig genug sein müssen, um *allen* Mitarbeitern klare Richtlinien für ihre Arbeit vorzugeben. Die Balance zu finden zwischen wolkigen Allge-

[23] Claus Steinle a. a. O

60

meinplätzen wie »*getragen von der hohen moralischen Verant-*
wortung um das Wohl unserer Kunden und Mitarbeiter...«, (die,
nachdem sie auf Hochglanzpapier gedruckt und sämtlichen Mitarbeitern und Pensionären feierlich überreicht wurden, nieman-
den mehr interessieren) und knallharten Zielvorgaben (»*ab 2001*
sind wir Marktführer«) erfordert nicht nur Augenmaß, sondern
einen hohen Abstimmungsaufwand mit den Leistungsträgern *al-*
ler Hierarchieebenen.

Man kann die formulierten Unternehmensgrundsätze auch
als das Grundgesetz eines Hauses verstehen. Denn sie beschreiben nicht nur sein Selbstverständnis und seine Identität, sondern
bilden auch die *verbindliche* Grundlage für alle weitergehenden
Regeln und Ziele. Deshalb ist ihre Beschreibung unverzichtbar
und sollte in einer Klarheit und Eindeutigkeit erfolgen, daß ihre
Einhaltung auch jederzeit »eingeklagt« werden kann.

Und es darf auf gar keinen Fall eine dauerhafte Diskrepanz
zwischen »grauer« Theorie und täglicher Praxis geben. Die gewachsene und *gelebte* (und nicht die angestrebte und mit schö-
nen Worten beschriebene) Unternehmenskultur – nämlich das,
was die Mitarbeiter im Unternehmen täglich *erleben*, was man
geradezu »riechen« und »schmecken« kann, wie – um nur ein
Beispiel zu nennen – die Arbeitsräume aussehen (insbesondere
diejenigen »unbedeutender« Mitarbeiter), wie »Vorgesetzte« mit
»Untergebenen« und wie Mitarbeiter miteinander umgehen und
vor allem als geradezu zwangsläufige Folge des Vorigen: Wie mit
den Kunden umgegangen wird – ist die Basis der Führung.

Hier klaffen leider Wunsch und Wirklichkeit oft genug aus-
einander: Entspricht z. B. die in vielen Häusern demonstrativ zur
Schau gestellte Unternehmenskultur in der Vorstandsetage mit
ihren edlen Hölzern, knöcheltiefen Teppichen und Schreibti-
schen groß wie Tischtennisplatten tatsächlich derjenigen im
Zahlungsverkehr, in der Kreditabteilung oder im Versand? Wird
da noch eine gemeinsame Sprache gesprochen und werden wirklich gemeinsame Ziele verfolgt? Von der Beantwortung dieser
Frage hängt nicht zuletzt auch die Bereitschaft der Mitarbeiter
ab, überhaupt den Begriff *wir* auf das Unternehmen in seiner
Gesamtheit und nicht nur auf die eigene Gruppe oder Abteilung
zu beziehen – Grundvoraussetzung für die Entwicklung eines
einheitlichen Führungsbegriffes.

Unternehmensgrundsätze müssen daher klar, eindeutig, verständlich – vor allem, sie müssen ehrlich sein. Und sie müssen sich in den Handlungen der Führungskräfte wiederfinden. Mitarbeiter (und Kunden) haben ein feines Gespür für falsche Zungenschläge und werden sich verweigern, wenn sie den Eindruck gewinnen müssen, mit leeren Worthülsen »eingeseift« oder womöglich nur für Zwecke einer »modernen« Öffentlichkeitsarbeit mißbraucht zu werden. Wobei hierbei völlig unerheblich ist, ob ein Akt bewußten Handelns vorliegt oder die jeweiligen Protagonisten der Subjektivität ihrer eigenen Wahrnehmung erlegen sind. Viele sind nämlich fest davon überzeugt, tatsächlich auch das zu tun, was sie intellektuell als gut und richtig erkannt haben, in Wirklichkeit handeln sie jedoch völlig anders. Führungskräfte werden aber nicht daran gemessen, was sie sagen, sondern daran, was sie tun.

Unternehmensgrundsätze müssen auch zum Unternehmen passen, denn *»niemand kann aus seiner Haut«*. Auch ein Unternehmen hat seine »Haut«: Die aus den Wechselbeziehungen zu Markt, Öffentlichkeit und Mitarbeitern gewachsene Tradition, sein regionaler Bezug und seine im Zusammenwirken von Führung und Organisation gewachsene Arbeitskultur. Kein Unternehmen gleicht dem anderen! Deshalb müssen Unternehmensgrundsätze **im** Unternehmen erarbeitet werden: Unter Bewahrung des Bewahrenswerten und konsequenter Weiterentwicklung des gemeinsam als erstrebenswert Erkannten.

Auf den Unternehmensgrundsätzen aufbauend sind lang- und mittelfristige Zielsetzungen zu entwickeln, die schließlich in die operativen Ziele einmünden. Diese gilt es den Mitarbeitern zu vermitteln und ihr Handeln auf die Erreichung dieser Ziele auszurichten.

Das »wir« in der Frage »was wollen wir?« bezieht sich aber nicht nur auf das Unternehmen, sondern auch auf die Führungskraft als Person mit ihren individuellen Ansprüchen, Normen und Neigungen. Vor dem »wir« steht das »ich«, und deshalb lautet die Frage erst einmal, »Was will *ich*?« und »Was erwarte *ich* von meinen Mitarbeitern?«.

Es ist sinnlos, immer wieder zu fordern, Mitarbeiter sollten stärker in die betrieblichen Gestaltungsprozesse eingebunden werden, solange die verantwortlichen Führungskräfte das nicht

wirklich wollen. Die einem partizipativen Führungsstil zugrunde liegende Idee des *Delegationsprinzips*, nämlich nicht nur Aufgaben, sondern auch die dazugehörige Kompetenz und Verantwortung in vollem Umfang auf die Mitarbeiter zu übertragen, bedeutet aus Sicht der Führungskräfte nichts weniger als **freiwilligen Machtverzicht** im Rahmen der ihnen übertragenen Handlungsverantwortung. Mitarbeiter erhalten dadurch die Möglichkeit, im Rahmen definierter Eckwerte eigene Vorstellungen und einen eigenen Arbeitsstil zu entwickeln (wobei nicht notwendigerweise Deckungsgleichheit mit den Vorstellungen der Führungskräfte gegeben sein muß). Und Kontrollen beschränken sich weitgehend auf die Sicherstellung der Delegations*fähigkeit* (das Können) und Delegations*willigkeit* (das Wollen) der Mitarbeiter.

Natürlich gilt nach wie vor: »Trotz aller z. T. recht hektisch geführter Debatten über die künftigen Anforderungen an Führung, bei denen immer wieder neue Begriffe ins Spiel gebracht werden und die mehr Verwirrung als Klarheit, mehr Wortgeklingel als nüchterne Pragmatik verbreiten, werden die grundlegenden Managementfunktionen weiterhin ihre Bedeutung behalten. **Planung, Entscheidung, Organisation und Kontrolle sind und bleiben die zentralen Vorgänge des Führungsprozesses innerhalb des Unternehmens.**«[24]

Sie müssen jedoch jederzeit so wahrgenommen werden, daß sie nicht als Herrschaftsinstrumente und Mittel zum Machterhalt, sondern als notwendige Werkzeuge zur Gestaltung und Steuerung der Geschäftsprozesse empfunden werden.

Das nicht nur zuzulassen, sondern darüber hinaus sogar aktiv zu fördern, erfordert von allen (und nicht nur den direkten) Führungskräften ein hohes Maß an fachlichem und persönlichem Selbstbewußtsein, selbstkritischer Gelassenheit und Menschenkenntnis. Denn mit konsequenter Anwendung des Delegationsprinzips tritt eindeutig die Führungsverantwortung gegenüber dem Sachbezug der Handlungsverantwortung in den Vordergrund, und der bisher so beliebten Flucht in die Sachbearbeitung (*»wenn ich nicht alles selber mache, läuft hier gar nichts mehr«*) wird jegliche Grundlage entzogen.

---

[24] Heitmüller/Linneweh/Pächnatz: Führungskultur ganzheitlich entwickeln, Stuttgart 1995

Nur dadurch kann den Mitarbeitern auf Dauer die Gewißheit vermittelt werden, mit ihrer Arbeit einen **eigenständigen Beitrag zur Erreichung der Unternehmensziele** zu leisten – die entscheidende Voraussetzung für die Entwicklung von Leistung und Arbeitszufriedenheit.

Angst ist immer wieder die stärkste Barriere, die bei den Entscheidungsträgern überwunden werden muß:

- *Die Angst* der unmittelbar betroffenen Führungskraft, bald nicht mehr »der Beste« zu sein, der alles kann und alles weiß; die Angst, womöglich für Dinge zur Verantwortung gezogen zu werden, die sie selbst nicht kennt und nicht veranlaßt hat; vor allem aber die Angst, Status und Macht zu verlieren und mit der Zeit für das Unternehmen entbehrlich zu werden.

- *Die Angst* der Unternehmensleitung vor Leistungsabfall und unübersehbaren Risiken, wenn nicht jeder Einzelvorgang auch durch die Hände der zuständigen Führungskräfte geht.

Manche Entscheidungsvorlagen tragen deshalb mehr Handzeichen und Kontrollunterschriften als die amerikanische Unabhängigkeitserklärung. Wenn Vorstände nur dann bereit sind, sich mit einem Vorgang zu befassen, wenn dieser vom zuständigen Hauptabteilungsleiter abgezeichnet ist, brauchen sie sich nicht zu wundern, wenn der mit seinen Abteilungsleitern in gleicher Weise verfährt. Und so weiter...

Delegation bedeutet beispielsweise auch, daß die Unternehmensleitung bereit ist, nicht nur Führungskräfte, sondern womöglich »ganz gewöhnliche« Sachbearbeiter als kompetente Gesprächspartner zu akzeptieren. Und daß Führungskräfte stolz darauf sind, Mitarbeiter zu haben, die ihnen in ihrem speziellen Sachgebiet haushoch überlegen sind. Ein chinesisches Sprichwort sagt: »*Wenn Du einem Menschen mißtraust, dann stelle ihn nicht an. Wenn Du einen Menschen anstellst, mißtraue ihm nicht*«.
Wie erreichen wir es? Haben Sie schon einmal eine Führungskraft getroffen, die freimütig eingeräumt hätte, ein schlechter Menschenkenner zu sein? Wohl kaum. Dabei sind die Führungsetagen voll von Managern, die tagtäglich augenfällig demonstrieren, daß nicht nur die »Brille«, durch die sie ihre Umwelt und ihre Mitmenschen betrachten, gewaltig gebogen, eingedellt und gefärbt ist, sondern daß auch ihr objektives Wissen über das, was

64

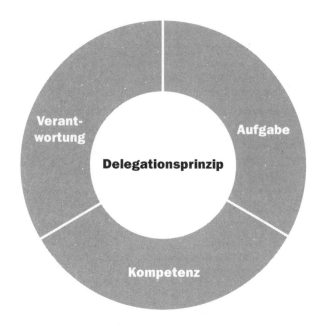

sie selbst und was andere dazu bewegt (oder hindert), das zu tun, *was* sie tun und *wie* sie es tun, mehr als bescheiden ist.

Der Grund dafür ist, daß es wohl kaum eine Aufgabe gibt, auf die man so wenig vorbereitet wird, wie die Übernahme von Führungsverantwortung. Während die Mitarbeiter (fachbezogen) buchstäblich »in der Sänfte von Lehrgang zu Lehrgang getragen werden«, verfügt die überwiegende Zahl von Führungskräften zum Zeitpunkt ihrer Berufung über keinerlei Führungswissen. Warum das so ist, ist schwer nachvollziehbar, läßt sich doch die Zahl der Veröffentlichungen, die laufend zu diesem Thema erscheinen, nur noch in Regalmetern messen. Vielleicht liegt es ja daran, daß vielfach noch der unausrottbare Glaube vorherrscht, die Fähigkeit zu führen sei ein angeborenes Talent, angereichert mit Intuition und Erfahrung, und deshalb nicht erlernbar, nach dem Motto: »*Der eine hat es eben, der andere nicht, – ich zum Beispiel hab's*«. Andererseits »*Mancher nennt das Erfahrung, was er 25 Jahre lang falsch gemacht hat*«.[25]

---

[25] Erwin Küchle: Menschenkenntnis für Manager, Landsberg/Lech 1985

Natürlich gibt es »geborene« Führerpersönlichkeiten, die Geschichte ist voll davon. Nur, machen wir uns nichts vor, das sind Ausnahmeerscheinungen, wie sie in allen Gebieten – selten genug – vorkommen (abgesehen davon stelle man sich einmal vor, was passieren würde, wenn in einem einzigen Unternehmen mehrere derartige Ausnahmepersönlichkeiten aufeinanderprallen würden!). Nein, Führung als motivationsorientierter Ansatz im Sinne einer *zukunftsgerichteten und zielorientierten Verhaltensbeeinflussung*[26] mit dem Ziel hoher Leistung und Zufriedenheit würde voraussetzen, daß sich die Führungskraft eingehende Kenntnisse darüber erwirbt,

- worauf sich grundsätzlich bestimmte menschliche Verhaltensweisen gründen und welche Möglichkeiten bestehen, diese im Interesse der betrieblichen Leistung zu beeinflussen.

Dazu wäre nicht nur ein Psychologiestudium, sondern auch ein außerordentliches Maß an Weisheit und Lebenserfahrung nötig – und die Trefferquote wäre wohl immer noch relativ klein.

Diese Erkenntnis führt zu einer beständigen Suche nach einem leicht handhabbaren Instrumentarium in Form von »Checklisten« (nach dem Prinzip »wenn-dann«) oder anderen »Rezepturen«, die es ermöglichen, komplexe Ausgangssituationen in einfache Handlungsempfehlungen umzusetzen. Das wäre aber nur dann möglich, wenn sich Menschen in ganz bestimmten Situationen immer gleich verhalten, bzw. auf bestimmte Reize immer gleich reagieren würden. Daß dies völlig undenkbar ist, sollten wir nicht bedauern, denn gerade so individuelle Eigenschaften wie Nonkonformismus, Eigenwilligkeit und Kreativität sind entscheidende Voraussetzungen für Fortschritt und Erfolg in einem Unternehmen. Und sie begründen sich auf das Zusammenwirken von – im Umgang meist recht schwierigen – Einzelpersönlichkeiten. Die Führungskraft, die von beliebig austauschbaren »Funktionsträgern« träumt, hätte es letztlich nur mit einer Horde dressierter Affen zu tun.

Die Führungstheoretiker befinden sich in einer ganz ähnlichen Situation wie die Metereologen. So wie diese zwar inzwischen alle wesentlichen Einflußgrößen für Klima- und Wetterver-

---

[26] Claus Steinle: a. a. O.

änderungen kennen, ist deren Ursprung, Anzahl und gegenseitige Wechselwirkung doch so ungeheuer komplex (*»wenn in China ein Schmetterling mit den Flügeln schlägt, kann es in Maine eine Springflut geben«*), daß die Zuverlässigkeit langfristiger Vorhersagen meist schon an der Sammlung und Auswertung notwendiger Einzeldaten scheitert.

Vorherzusagen, wie sich Menschen in einer ganz bestimmten Situation verhalten, bzw. mit welchen Mitteln sie dazu bewegt werden können, sich in der gewünschten Weise zu verhalten, ist, wie gesagt, ebenso schwierig. Es erfordert in jedem Einzelfall eine sehr weitgehende Analyse der Umfeldbedingungen und der jeweiligen Einflußfaktoren und läßt sich auf keinen Fall in einen Regelkreis einordnen.

Schon deshalb kann die Anwendung in sich geschlossener Führungsmodelle im Sinne einer *Normierung* der Führungsaufgabe, bedingt durch ihre zwangsläufige Vereinfachung und ihren Laborcharakter, kaum weiterhelfen. Denn solche Modelle »liefern Handlungsanweisungen darüber, wie auf das Leistungsverhalten des Mitarbeiters eingewirkt werden soll, welche Bedürfnisse, Wünsche, Erwartungen über welche Anreize, Maßnahmen und Instrumente hervorgerufen und erfüllt werden.«[27] Und damit wären wir wieder bei den bereits erwähnten – und als unbrauchbar verworfenen – Rezeptsammlungen angelangt, die den Praktiker mehr verunsichern als unterstützen. Genausowenig wie es eine Norm-Führungskraft geben kann, wird es auch kaum möglich sein, Mitarbeiter hinsichtlich ihrer Bedürfnisse sowie ihrer *handlungssteuernden* und *handlungserklärenden* Motive in ein einfaches und einheitliches Schema einzuordnen, um daraus Einsichten für eine Steuerung ihrer Aktivitäten zu gewinnen.

Was wir brauchen, ist eine Art der Führung, die es auch dem Praktiker ermöglicht, durch den Einsatz »handlicher« und flexibler Instrumente die ihm anvertrauten Mitarbeiter auf ihrem Weg zu Leistung und Arbeitszufriedenheit zu unterstützen.

Nur eine offene, zielorientierte Führung ohne manipulative Elemente läßt sich heute noch mit den Grundsätzen eines leistungs- und kundenorientierten Unternehmens vereinbaren.

27 Claus Steinle: a. a. O.

Durch sie lassen sich die Führungsteilprozesse *Willensbildung,*
Willensdurchsetzung und *Willenssicherung* im Sinne einer Defi-
zitbeseitigung für alle Beteiligten – Führungskräfte wie Mitarbeiter – transparent und nachvollziehbar darstellen, und das Verlangen nach

- Anerkennung individueller Unterschiede,
- Stolz auf die eigene Leistung,
- Nutzung der Fähigkeiten,
- Wachstum und Entwicklung des Könnens

als entscheidende Voraussetzung für die Bereitschaft zu aktiver
Mitwirkung kann damit angesprochen und erfüllt werden.[28] Was
bedeutet das für die Führungskraft?

> 1. Abgeleitet aus der mittel- und kurzfristigen Unternehmensplanung werden mit den
>   Mitarbeitern Einzelziele vereinbart, die ihnen – unter Berücksichtigung ihrer indi-
>   viduellen Fähigkeiten – die Möglichkeit bieten, einen eigenständigen Beitrag zum
>   Erfolg des Unternehmens und zu ihrer persönlichen Entwicklung zu leisten.
> 2. Mittel, Instrumente sowie Informations- und Kommunikationsbeziehungen werden
>   definiert und zu beachtende Bedingungen gemeinsam abgestimmt und beschrie-
>   ben.
> 3. Der Erreichungsgrad vereinbarter Ziele bzw. einzelner Zielabschnitte wird ent-
>   weder zu zielabhängigen Terminen oder in festzulegenden Abständen gemeinsam
>   kontrolliert. Dabei werden Abweichungen analysiert und Alternativen zur Beseiti-
>   gung aufgetretener Fehlentwicklungen diskutiert, geprüft und beschlossen.
>   Schwächen im persönlichen Leistungsprozeß wird durch entsprechende Entwick-
>   lungs- und Fördermaßnahmen im Rahmen der individuellen Personalentwicklung
>   begegnet.

Dieser Prozeß bietet durch seinen nüchternen Sachbezug sowohl
den Führungskräften als auch den Mitarbeitern einen Weg aus
dem Sumpf von meist unausgesprochenen Forderungen, Ansprüchen, Wünschen, Meinungen, »Selbstverständlichkeiten«, Ver-
mutungen und gegenseitigen Verdächtigungen, die so häufig
den Hintergrund des betrieblichen Alltags bilden.

Das Prinzip der zielorientierten Führung schafft für beide Seiten
eine sichere Grundlage: Für die Unternehmensleitung und die
verantwortlichen Führungskräfte die Gewißheit, daß die vorhan-

---

[28] G. S. Odiorne: Führung durch Vorgabe von Zielen, München 1967

denen personellen Ressourcen optimal zur Erreichung der betrieblichen Ziele genutzt werden, für die Mitarbeiter die Sicherheit,

- nicht »ausgetrickst« und manipuliert, sondern in **alle** Teilprozesse der Führung einbezogen zu sein,
- jederzeit die Möglichkeit zu haben, aktiven Einfluß auf den Führungsprozeß zu nehmen,
- einen breiten Spielraum zur persönlichen Entfaltung eingeräumt zu bekommen und
- **ausschließlich** danach beurteilt zu werden, welcher individuelle Beitrag zur Zielerreichung geleistet wurde (und nicht danach, ob und in welchem Umfang man Wohlverhalten gegenüber Unternehmensleitung und Führungskräften an den Tag legte).

Viele Führungskräfte zeigen sich schlicht überfordert im Umgang mit den gebräuchlichen Systemen zur Mitarbeiterbeurteilung. Geht es doch in aller Regel darum, für eine Reihe von Kriterien im Rahmen einer mehrstelligen Skala ein »Urteil« darüber abzugeben, inwieweit der Mitarbeiter den an ihn gestellten Anforderungen gerecht wurde.

Die Bestimmtheit einer solchen Festlegung, das darin enthaltene Konfliktpotential, aber auch die Scheu davor, einem Mitarbeiter Schaden zuzufügen, führen in aller Regel dazu, daß Mitarbeiter viel zu gut beurteilt werden. Und damit wird natürlich das ganze System unbrauchbar. Denn ein Mitarbeiter wird aus einer glänzenden Beurteilung naturgemäß den Schluß ziehen, daß er (wie er ja schon immer vermutet hat) zu den Besten zählt, und zukünftig empört und verletzt auf jede noch so leise Form der Kritik reagieren.

Mitarbeiter haben nicht nur einen moralischen, sondern auch einen gesetzlichen (§ 82, Abs. 2 BetrVG) Anspruch darauf, über die Beurteilung ihrer Leistung und die Möglichkeiten ihrer beruflichen Entwicklung im Betrieb informiert zu werden. Dies sollte jedoch in einer Form geschehen, die es beiden Seiten ermöglicht, **ausschließlich** auf der Basis verifizierbarer Fakten und nicht derjeniger persönlicher Maßstäbe, Ansprüche und Meinungen zu kommunizieren. »*Sie halten all das für unmöglich, wozu sie selbst nicht imstande sind. Aus ihrer Schwäche leiten sie ihre Ansicht über das Leistungsvermögen ab.*« So beschreibt schon

Seneca eine typische Verhaltensweise bei der Beurteilung anderer Menschen.

Mehrseitige Beurteilungsbögen mit einer Fülle unterschiedlicher Merkmale zu so »unscharfen« Bereichen wie *Belastbarkeit, Initiative, Einsatzfreude und Entscheidungsfreude,* um nur einige Beispiele aus der Praxis zu nennen, provozieren Beurteiler geradezu dazu, ihren Vorurteilen nachzugeben und in die Falle der Subjektivität zu tappen (Abb. 8).

Logischer Fehler	Aus dem Vorliegen eines bestimmten Merkmals wird auf das zwangsläufige Vorhandensein anderer, daraus abgeleiteter Merkmale geschlossen (*»Blondinen sind dumm«*).
Halo-Effekt	Unterordnung von Einzeleindrücken unter einen dominierenden, alles »überstrahlenden« Gesamteindruck (*»ein besonders erfolgreicher Kundenberater hat auch Führungsqualitäten«*).
Verallgemeinerung	Aus nicht repräsentativen Einzelbeobachtungen wird ein verallgemeinernder Schluß gezogen (*»Lehrer sind schwierige Kunden«*).
Erster und letzter Eindruck (primacy-regency-effekt)	Die ersten (oder auch die letzten) Eindrücke in einer Kette von Informationen sind stärker als die in der Mitte einer Kette angesiedelten. Der Ersteindruck kann die folgenden Eindrücke überlagern, der letzte Eindruck haftet stärker in der Erinnerung. In beiden Fällen besteht die Gefahr einer zu starken Gewichtung bei der Urteilsbildung.
Vertrautheit und Fremdheit	Personen, die einem in wichtigen Merkmalen ähneln, werden instinktiv positiv beurteilt, solche, die sich stark unterscheiden, eher kritisch.

Abbildung 8   Negative Einflußgrößen auf den Beurteilungsprozeß

Die sachgerechte Anwendung gängiger Beurteilungssysteme setzt bei den beurteilenden Führungskräften ein Ausmaß an Objektivität, Einfühlungsvermögen und psychologischem Fachwissen voraus, das in der Praxis nur in den seltensten Fällen anzutreffen sein dürfte. Daher werden Beurteilungsgespräche häufig von den Beteiligten nur als lästige Alibi- und Pflichtveranstaltungen zur (folgenlosen) Anreicherung der Personalakte abgetan. Oder, was weit schlimmer ist, sie werden von Führungskräften zu Dressurübungen im Sinne einer rigiden Verhaltenskontrolle *(behavior control)* mißbraucht.

Nur die konsequente Anwendung des Prinzips einer Ergebniskontrolle *(output control)* im Rahmen der Mitarbeiterbeurteilung bietet aber auf die Dauer die Gewähr für beide Seiten, daß die Sachebene nicht von der Beziehungsebene überlagert wird, daß Beurteilungsgespräche der gemeinsamen Suche nach Lösungen für erkannte Abweichungen dienen und daß sie nicht in das Fällen von »Urteilen« über andere ausarten.

Die Frage, ob zielorientierte Führung nach den dargestellten Grundsätzen auch in mittleren und kleinen Unternehmen angewandt werden kann, läßt sich uneingeschränkt mit ja beantworten, da keine direkte Abhängigkeit vom jeweiligen Organisationsgrad besteht. Die vereinbarten Ziele sollten zwar, um Fehlinterpretationen zu vermeiden, immer schriftlich fixiert werden, das muß aber nicht notwendigerweise in Form umfangreicher Stellenbeschreibungen erfolgen. In kleineren Häusern erfolgt die Kommunikation oftmals sehr direkt und »unkompliziert« (was nicht immer zum Vorteil des Mitarbeiters sein muß). Hier kann die bei klaren Zielvereinbarungen auf allen Ebenen notwendige und manchmal noch ungewohnte Disziplin im Abstimmungsprozeß durchaus zur Verbesserung des Führungs- und Arbeitsklimas beitragen.

In nachgelagerten Hierarchieebenen und an Arbeitsplätzen, in denen hauptsächlich stark strukturierte und in der Form der Ausführung festgelegte Aufgabeninhalte vorherrschen, sollten zur Förderung des Teamgedankens Zielvereinbarungsgespräche immer gemeinsam mit der ganzen Arbeitsgruppe geführt und auch jeweils für die gesamte Gruppe vereinbart werden. **Was müssen wir dabei beachten?** Zielorientierte Führung setzt nicht nur bei den Mitarbeitern grundsätzliche Leistungsbereitschaft, sondern vor allem und in in erster Linie bei den Führungskräften einen hohen persönlichen Entwicklungsgrad voraus. Neben ausgeprägt kommunikativen Fähigkeiten müssen sie nämlich auch die Eigenschaft besitzen (oder sich schnellstens aneignen) ihre Mitarbeiter *persönlich* zu gewinnen und zu überzeugen.

Nicht der »Eisheilige« und auch nicht der Kumpel ist hierbei gefragt, sondern der Mentor und »Coach«, der durch seine Persönlichkeit und sein Beispiel Maßstäbe setzt. Integrationsfähigkeit und echtes Interesse an der Person seiner Mitarbeiter, Zeit für ihre Probleme, sichtbares Engagement, Begeisterungsfähigkeit und nicht zuletzt selbstkritischer Humor sind die hervorstechendsten Eigenschaften erfolgreicher Führungskräfte und geradezu zwingende Voraussetzung für überdurchschnittliche Leistungen. – Ganz nebenbei aber auch die Bereitschaft der Führungskräfte, nicht nur die Mitarbeiter, sondern auch sich selbst immer wieder auf den Prüfstand zu stellen.

Ein interessantes, aber durchaus ambivalentes Beispiel dafür ist die Führungskräftebeurteilung, d. h. eine regelmäßige Befragung der Mitarbeiter zu dem von ihnen erlebten Führungsverhalten (Beispiel für einen entsprechenden Fragebogen in Abb. 9). Man wird kaum einmal eine Führungskraft antreffen, die freimütig einräumt, diesem Instrument ablehnend gegenüber zu stehen, aber man wird sehr wenige Unternehmen finden, in denen dieses Instrument tatsächlich *konsequent* eingesetzt wird (nach vorsichtigen Schätzungen konfrontieren weniger als 10 % der Unternehmen ihre Manager mit der Kritik von unten[29]). Konsequent heißt dabei, daß sich einerseits die Mitarbeiter offen und selbstbewußt zur Wahrnehmung der Führungsverantwortung durch ihren Vorgesetzten äußern und daß andererseits die betroffene Führungskraft auch bereit ist, sich dem zu stellen und sich mit dem Ergebnis ernsthaft und selbstkritisch auseinanderzusetzen. Dies einfach von oben zu verordnen, ist aus naheliegenden Gründen problematisch: Sollten sich aus einer derartigen Befragung schwerwiegende Defizite bei einzelnen Führungskräften ergeben, entsteht für die Unternehmensleitung akuter Handlungsbedarf durch die Einleitung womöglich schmerzhafter Änderungsprozesse. Langjährigen Führungskräften, die ob ihres Fachwissens, ihrer Erfahrung und ihres persönlichen Engagements für die Belange des Hauses durchaus geschätzt werden, mitzuteilen zu müssen, daß sie ihrer eigentlichen Aufgabe nicht gerecht werden, ist weder leicht noch angenehm. Allerdings – nichts zu unternehmen, würde andererseits den Mitarbeitern signalisieren, daß feierlich postulierte Führungsgrundsätze nichts als Makulatur sind, und damit das Führungsklima insgesamt ernsthaft beschädigen.

---

[29] Manager Magazin 9/1994

Fragebogen Feedbackgeber

Wichtigkeit	**Sie / Er ...**	*Leistung*

niedrig   hoch   niedrig   hoch

1 2 3 4 5 6   **bietet seinen Mitarbeitern Gelegenheiten, ihre Fähigkeiten**   1 2 3 4 5 6
☐ ☐ ☐ ☐ ☐ ☐   **und ihre Erfahrung zu erweitern.**   ☐ ☐ ☐ ☐ ☐ ☐

1 2 3 4 5 6   **strengt sich sehr an, daß seinen Mitarbeitern die Arbeit**   1 2 3 4 5 6
☐ ☐ ☐ ☐ ☐ ☐   **Spaß macht und daß sie zufrieden sind.**   ☐ ☐ ☐ ☐ ☐ ☐

1 2 3 4 5 6   **zeigt Vertrauen zu seinen Mitarbeitern und vermittelt ihnen**   1 2 3 4 5 6
☐ ☐ ☐ ☐ ☐ ☐   **das Gefühl, daß sie wichtig sind.**   ☐ ☐ ☐ ☐ ☐ ☐

1 2 3 4 5 6   **interessiert sich für seine Mitarbeiter, ist offen und**   1 2 3 4 5 6
☐ ☐ ☐ ☐ ☐ ☐   **aufmerksam für ihre Wünsche und Bedürfnisse.**   ☐ ☐ ☐ ☐ ☐ ☐

1 2 3 4 5 6   **behandelt seine Mitarbeiter fair und konsequent und**   1 2 3 4 5 6
☐ ☐ ☐ ☐ ☐ ☐   **setzt sich für ihre Belange ein.**   ☐ ☐ ☐ ☐ ☐ ☐

1 2 3 4 5 6   **gibt seinen Mitarbeitern eine angemessene**   1 2 3 4 5 6
☐ ☐ ☐ ☐ ☐ ☐   **Handlungsfreiheit.**   ☐ ☐ ☐ ☐ ☐ ☐

1 2 3 4 5 6   **bietet seinen Mitarbeitern die Gelegenheit, die Ziele ihrer**   1 2 3 4 5 6
☐ ☐ ☐ ☐ ☐ ☐   **Arbeit mit festzulegen.**   ☐ ☐ ☐ ☐ ☐ ☐

1 2 3 4 5 6   **ermutigt seine Mitarbeiter dazu, selbst Entscheidungen**   1 2 3 4 5 6
☐ ☐ ☐ ☐ ☐ ☐   **zu treffen und zu urteilen.**   ☐ ☐ ☐ ☐ ☐ ☐

1 2 3 4 5 6   **würdigt die Beiträge einzelner Mitarbeiter und bedankt**   1 2 3 4 5 6
☐ ☐ ☐ ☐ ☐ ☐   **sich dafür.**   ☐ ☐ ☐ ☐ ☐ ☐

1 2 3 4 5 6   **schätzt seine Mitarbeiter aufgrund von Fakten ein und**   1 2 3 4 5 6
☐ ☐ ☐ ☐ ☐ ☐   **nicht auf Basis persönlicher Sympathie.**   ☐ ☐ ☐ ☐ ☐ ☐

1 2 3 4 5 6   **unterstützt seine Mitarbeiter dabei, daß sie aus ihren**   1 2 3 4 5 6
☐ ☐ ☐ ☐ ☐ ☐   **Fehlern lernen können und bestraft sie nicht dafür.**   ☐ ☐ ☐ ☐ ☐ ☐

1 2 3 4 5 6   **spricht mit seinen Mitarbeitern über ihre Schwächen in**   1 2 3 4 5 6
☐ ☐ ☐ ☐ ☐ ☐   **einer Weise, die hilfreich ist und von ihnen akzeptiert wird.**   ☐ ☐ ☐ ☐ ☐ ☐

1 2 3 4 5 6   **spricht mit seinen Mitarbeitern über ihre Leistungen, gibt**   1 2 3 4 5 6
☐ ☐ ☐ ☐ ☐ ☐   **ihnen Ratschläge und Hilfen, sich weiterzuentwickeln.**   ☐ ☐ ☐ ☐ ☐ ☐

1 2 3 4 5 6   **läßt einen Dialog mit seinen Mitarbeitern entstehen und**   1 2 3 4 5 6
☐ ☐ ☐ ☐ ☐ ☐   **ermutigt sie zu Rückmeldungen.**   ☐ ☐ ☐ ☐ ☐ ☐

Quelle: Manager Magazin

Abbildung 9   Muster einer Befragung zur Führungskräfte-Beurteilung

Der scheinbare Ausweg aus diesem Dilemma, die *anonyme* Führungskräftebeurteilung, ist auch keine wirkliche Lösung, denn sie hat im günstigsten Fall eine hygienische Wirkung (die Mitarbeiter können sich einmal richtig »ausschleimen«), im ungünstigen Fall vergiftet sie das Betriebsklima, fördert private Rachefeldzüge und führt zur Hexenjagd. Die Mitarbeiter werden dabei in eine Hofnarren-Funktion gedrängt, um im Rahmen eines fürstlichen Gnadenaktes *einmal im Jahr mal so richtig ihre Meinung zu sagen, ohne Angst haben zu müssen, dafür »gehängt« zu werden.* So sollte man mit mündigen Mitarbeitern, die man doch angeblich so ernst nimmt, eigentlich nicht umspringen!

Jegliche Form der Beurteilung, ob Mitarbeiter-Beurteilung oder Führungskräfte-Beurteilung, wird letztlich (abgesehen vom arbeitsrechtlichen Instrument des Beweismittels) immer nur formalistischer und bürokratischer Ersatz für den offenen Dialog sein können. Eine Führungskraft, die ihre Verantwortung gegenüber den Mitarbeitern ernst nimmt, wird darauf nicht angewiesen sein. Und aus einer schlechten Führungskraft werden wir mit *diesem* Instrument wahrscheinlich keine wesentlich besseren machen können.

Im übrigen sollten sich sowohl Führungskräfte als auch Mitarbeiter immer mal wieder auf eine unserer ältesten und nachhaltigsten Führungsrichtlinien besinnen: *»Was Du nicht willst, daß man Dir tue, das tu einem anderen auch nicht«* (Apokryphen, *Tob. 4,16)*

Vordringliche Aufgabe der Personalentwicklung muß im Interesse der Unternehmen und im Interesse der Mitarbeiter in den kommenden Jahren sein, die (in *allen* Hierarchieebenen) noch immer unübersehbaren Führungsdefizite durch permanente Schulungs-, Informations- und Diskussionsangebote zu beseitigen. Und Vorstände, die zwar ihre Abteilungsleiter auf Führungsseminare schicken, selbst aber glauben, auf diesem Gebiet bereits den Gipfel der Weisheit erklommen zu haben, werden sich bald kritischen Fragen ausgesetzt sehen. Es genügt nicht, das eine oder andere Mal ein einschlägiges Seminar zu besuchen, denn die Entwicklung einer unternehmensspezifischen Führungskultur bedingt einen kontinuierlichen Prozeß, der im Grunde genommen nie und für keinen der Beteiligten zu Ende ist.

Wer heute nicht sorgsam mit den ihm anvertrauten Arbeits-mitteln umgeht, wird hierfür umgehend zur Verantwortung ge-zogen. Vor der Anschaffung von Investitionsgütern selbst im un-teren fünfstelligen DM-Bereich werden die aufwendigsten Ren-tabilitätsrechnungen aufgestellt. Wer aber das wertvollste (und nebenbei auch teuerste) Produktionsmittel eines Dienstleisters, seine Mitarbeiter, durch ungeschickte, nachlässige oder rück-sichtslose Behandlung »kaputtmacht« oder auf diesem Gebiet falsche »Investitionsentscheidungen« traf, hatte in der Vergan-genheit kaum mit ernsthaften Konsequenzen zu rechnen. Das wird sich in naher Zukunft ändern müssen (und wenn es auch nur aus betriebswirtschaftlichen Erwägungen wäre).

Führungskräfte, die nur als Edel-Sachbearbeiter mit heraus-gehobener Verantwortung und besonderen Privilegien oder als klassische »Vorturner« agieren, deren Leistung sich darin er-schöpft, die strikte Einhaltung vorgegebener Arbeitsnormen si-cherzustellen, die ihre Mitarbeiter nur als »ausführende Organe« begreifen und immer noch glauben, aufgrund ihrer Position ein Wissens- und Informationsmonopol zu besitzen, haben unter den akuten Zwängen nach unkompliziertem, direktem und fach-übergreifendem Zusammenwirken **aller** am Wertschöpfungspro-zeß Beteiligten endgültig ihre Daseinsberechtigung verloren und werden sich sehr ernsthafte Gedanken darüber machen müssen, in welcher »ökologischen Nische« sie überleben können. Denn sie gehören zu jenem Potential an Arbeitskräften, das im Zuge der »Verschlankung« der Unternehmensstrukturen bereits heute zur Disposition steht.

2.3 Die Gruppe

Beginnen müssen wir zunächst mit einem scheinbaren Parado-xon: Obwohl in unserer Gesellschaft der Individualismus einen außerordentlich hohen Stellenwert genießt, spielt sich unser Le-ben weitgehend im Rahmen von Gruppen ab. Von der Wiege bis zur Bahre bewegen wir uns innerhalb von sozialen Gruppen (sie-he Abb. 10). Und ein Großteil des Sozialisierungsprozesses (ge-nannt »Erziehung«), dem wir uns in unserer Jugend unterziehen müssen, dient dem Zweck, die Regeln und Normen derjenigen sozialen Gruppen, innerhalb derer wir uns bewegen, zu erlernen

1.	**Nach der Größe:**	**Beispiele:**
	a) Primärgruppen	Kleingruppe, Familie
	b) Sekundärgruppen	Großgruppe, Betrieb
2.	**Nach der Institutionsart:**	
	a) Betriebsgruppen	in Unternehmen
	b) Seminargruppen	in Hochschulen
	c) Vereinsgruppen	im Sportverein
3.	**Nach der Tätigkeitsform:**	
	a) Arbeitsgruppen	Verkäufergruppe
	b) Spielgruppen	Musikergruppe
	c) Diskussionsgruppen	Politikergruppe
4.	**Nach dem Solidaritätsgrad:**	
	a) Binnengruppen	»Wir«-Verhalten
	b) Außengruppen	»Die«-Verhalten
5.	**Nach dem Alter:**	
	a) Kindergruppen	Spielplatz
	b) Jugendgruppen	Jugendhaus
	c) Erwachsenengruppen	Arbeitsbereich
6.	**Nach den Zielen:**	
	a) Formelle Gruppen	Betriebsabteilung
	b) Informelle Gruppen	Kantinengemeinschaft

Abbildung 10   Arten von Gruppen nach Rahn[30]

und unsere Auffassungen und Handlungen nach ihnen auszurichten: Angefangen von der Familie, über die Gemeinde, die Kirche, den Staat, die Partei, die Firma, bis hin zur Landsmannschaft und zum Verein. Man muß nur einmal beobachten, mit welcher Inbrunst allenthalben Geschäftsordnungsdebatten geführt werden, um zu begreifen, wie sehr wir diesen Prozeß verinnerlicht haben.[30]

Alle Gruppen haben ein gemeinsames Merkmal: **Sie verfolgen ein Ziel.** Erst über die Zielbildung definieren sie sich, gewinnen ihre Identität und schaffen für die einzelnen Mitglieder ein Gefühl der Gemeinsamkeit. Dabei ist es völlig unerheblich, ob es sich um ein klar beschriebenes, also »offizielles«, oder um ein eher unbewußt, aus Überlieferung oder gemeinsamen Werthaltungen heraus entwickeltes Ziel handelt. Auch die Frage, ob die Gruppenbildung als gesteuerter Prozeß oder eher spontan und situativ erfolgt, ist hierbei ohne Belang. Das jedem Menschen

---

[30] Horst-Joachim Rahn: Führung von Gruppen, Heidelberg 1992

eigene Verlangen, sich mit seinen Vorstellungen, Zielen und Überzeugungen auch in seinem Umfeld bestätigt zu finden, führt fast zwangsläufig zur Gruppenbildung als dem geeigneten Medium zur Verstärkung der eigenen Mittel und Möglichkeiten. So kann sich beispielsweise auch ein gemeinsames »Feindbild«, die Gegnerschaft zu einer Person, einer Personengruppe oder einer bestimmten betrieblichen Situation zur Bildung einer Gruppe entwickeln.

Einerseits also ein Streben nach Individualismus und Selbstbestimmung, andererseits aber die zwingende Notwendigkeit, Rahmenbedingungen akzeptieren zu müssen, die für die Handlungsfähigkeit und Zweckbestimmung einer Gemeinschaft unabdingbar sind, sowie der (meist irrationale) Wunsch, über die Zugehörigkeit zu einer Gruppe Macht auf Andersdenkende auszuüben. Dieser Grundkonflikt bestimmt nicht nur unser Privatleben, sondern in gleicher Weise unser berufliches Umfeld und ist Ursache für zahlreiche Probleme im Zusammenwirken mit Partnern und Kollegen.

Eine ausgewogene Balance zwischen Individualismus und Konformismus, zwischen dem Bedürfnis, persönliche Zielvorstellungen zu verwirklichen, und der Notwendigkeit, sich die Ziele und Normen einer bestimmten Gruppe »anzueignen«, ist eine zwingende Voraussetzung für den Erfolg dieser Gruppe und damit auch für den persönlichen Erfolg der einzelnen Gruppenmitglieder, denn »*unabhängig sind wir nur dann, wenn wir in der Welt verflochten sind*« (*Karl Jaspers*).

Mitarbeiter in Unternehmen sind in zahlreiche Gruppen mit unterschiedlicher und auch wechselnder Dominanz eingebunden: Die Arbeitsgruppe, die Abteilung, die Geschäftsstelle, der Marktbereich, das Dezernat, der Gesamtbetrieb usw. Hinzu kommen noch Projektgruppen sowie abteilungs- und bereichsübergreifende Arbeitskreise. Diese Gruppen sind häufig nicht nur personell miteinander verflochten, sondern die einzelnen Mitglieder bringen darüber hinaus natürlich auch ihre Zugehörigkeit zu anderen, beruflichen wie privaten Gruppen (bewußt oder unbewußt) in die Gruppenarbeit ein. Zielkonflikte sind daher unausweichlich und deren Beseitigung ein wesentliches Element zur Dynamisierung des Zielerreichungsprozesses.

Wenn heute immer wieder die Forderung nach Teamorientierung erhoben wird, so bedeutet das, über die fachliche Qualifikation hinaus auch die Fähigkeit zu entwickeln, sein individuelles Leistungspotential in eine Gruppe zu integrieren, *»Verantwortung für sich auf andere zu übertragen und Verantwortung für andere zu übernehmen«*[31], Freiräume für Selbständigkeit und Kreativität zu nutzen sowie den Erfolg der Gruppe mit der Erreichung persönlicher Ziele gleichzusetzen. Diesen Anspruch wird auf Anhieb nur eine Minderheit der Mitarbeiter und Führungskräfte erfüllen können. Teamorientierte Personalentwicklung bedeutet daher, die Mitarbeiter von ihrer Einzelkämpfer-Mentalität zu lösen, sie von den Vorteilen der Teamarbeit zu überzeugen und mit ihnen adäquate Verhaltensweisen zu trainieren.

Der Gedanke, mit Hilfe von strukturierten Kleingruppen gezielt betriebliche Probleme zu lösen und das Leistungsniveau insgesamt zu verbessern, kam Ende der siebziger Jahre aus Japan über den Begriff der Qualitätszirkel zu uns. Alarmiert durch die Exporterfolge japanischer Unternehmen wurden von westlichen Managementexperten wahre Wallfahrten nach Japan unternommen, um die »Geheimnisse« japanischer Unternehmensführung zu ergründen. Eines der wenigen greifbaren und scheinbar auch auf unsere Unternehmenskultur übertragbaren Beispiele sind die in nahezu jedem größeren Unternehmen anzutreffenden Qualitätszirkel. Diese waren aus der simplen Überlegung heraus entstanden, daß Fehler, die im Produktionsprozeß gar nicht erst begangen werden, auch anschließend nicht durch aufwendige Kontrollen aufgespürt und entsprechend kostenintensiv beseitigt werden müssen und daß niemand die im Rahmen einer Arbeit auftretenden Probleme so gut kennt wie derjenige, der diese Arbeit tagtäglich ausführt. Man faßte daher die »Quelle«, d. h. die Beschäftigten in der Produktion zu Gruppen zusammen mit dem Auftrag, Fehlerursachen aufzuspüren und Vorschläge für deren Beseitigung sowie zur Qualitätsverbesserung insgesamt auszuarbeiten.

Ein Problem bei der Übertragung dieses an sich recht erfolgreichen Konzeptes auf unsere Verhältnisse liegt im kulturellen

---

[31] Thomas Breisig: It's Team Time: Kleingruppenkonzepte in Unternehmen, Köln 1990

Umfeld: »*Die Japaner haben das konfuzianische Ideal der Familie und die Hochachtung vor dem Alter auf die Gruppe übertragen*« und »*das Gruppendenken ist seit Jahrhunderten Bestandteil der japanischen Kultur, und die japanischen Manager haben das Modell einfach auf die Organisation der Unternehmen übertragen*[32].« Die dadurch traditionell hohe Identifikation der Mitarbeiter mit ihrem Unternehmen ist hier bei weitem nicht in diesem Umfang gegeben. Und deshalb muß erst einmal bei Mitarbeitern und Führungskräften mühsame Überzeugungsarbeit geleistet werden. Qualitätszirkel wurden deshalb ursprünglich (und oft genug auch heute noch) sowohl von der Unternehmensleitung als auch von den unmittelbar Beteiligten mehr als »hygienische« Maßnahme und betriebliche Spielwiese zur Verbesserung des Arbeitsklimas und weniger als betriebswirtschaftliches Instrument zu konsequenter Kostensenkung und Qualitätsverbesserung genutzt. Zumal viele Leitungsorgane nach dem Motto »wasch mich, aber mach mir das Fell nicht naß« nicht bereit waren, den Gruppen von Anfang an *echte* Verantwortung zu übertragen und sie mit entsprechenden Vollmachten auszustatten.

Inhalt derartiger Gruppenarbeit wird (und muß) nämlich immer auch sein, sich nicht nur kritisch mit dem Ist-Zustand auseinanderzusetzen, sondern auch den vorgegebenen Soll-Zustand dahingehend zu überprüfen, ob er geeignet ist, die Erreichung der Qualitätsziele zu fördern.

Stärkstes Hindernis sind hierbei meist die unmittelbar verantwortlichen Führungskräfte: Wenn sie nicht über ausreichendes Selbstbewußtsein und die notwendige Gelassenheit verfügen, wenn sie fürchten, die Ergebnisse der Gruppe könnten von übergeordneten Instanzen womöglich als berechtigte Kritik an den von ihnen zu verantwortenden Entscheidungen der Vergangenheit interpretiert werden, dann werden sie von vornherein bemüht sein, den Qualitätszirkel als unbedarfte Laienspielschar und seine zu erwartenden Ergebnisse als realitätsferne Sandkastenspiele abzutun. Und dies gilt natürlich nicht nur für Qualitätszirkel, sondern für alle aus den gewohnten hierarchischen Strukturen herausgelösten Arbeitsgruppen.

---

[32] Francis Fukuyama: *Der Westen hat die Kraft* in Manager Magazin 5/1996

In den vergangenen Jahren hat sich in den Betrieben eine Vielzahl unterschiedlicher Systeme der Gruppenarbeit etabliert. Man kann diese nach ihren Aufgabenstellungen in drei grobe Kategorien einteilen:

1. **Permanente Arbeitsgruppen, auf die im Rahmen der definierten Aufbauorganisation bestimmte Beratungs- oder Steuerungsfunktionen übertragen sind. (Marketing-Ausschuß, Arbeitskreis Controlling, betriebliches Vorschlagswesen usw.)**
2. **Ad-hoc-Projektgruppen, die für die Lösung einer bestimmten Aufgabenstellung gebildet werden und sich nach deren Erreichung wieder auflösen. (Neubauplanung, Organisations-Untersuchungen, Wertanalysen usw.)**
3. **Gruppen, die im Rahmen der Qualitätsentwicklung über einen längeren Zeitraum regelmäßig zusammentreten, um Mittel und Möglichkeiten zur Verbesserung der betrieblichen Leistung zu entwickeln. (Qualitätszirkel, Null-Fehler-Programme usw.)**

Allgemein ist zu beobachten, daß die Neigung, mit Hilfe von Teams nicht nur auftretende Einzelprobleme zu lösen, sondern diese als wesentlichen Motor der Organisationsentwicklung zu instrumentalisieren, in den Betrieben deutlich zunimmt. Damit geht zwangsläufig eine Auflösung klassischer Strukturen einher. Kein »Spezialist« und keine Führungskraft kann sich mehr darauf verlassen, im Unternehmen als alleinige Autorität in ihrem angestammten Verantwortungsbereich zu gelten (»*in meinem Vorgarten trampelt außer mir niemand herum*«). Sie werden sich damit abfinden müssen, daß auch Mitarbeiter nachgeordneter Hierarchieebenen und aus den unterschiedlichsten Fachbereichen des Hauses an der Lösung womöglich abteilungsspezifischer Probleme mitarbeiten. Ebenso wie auch sie immer wieder gefordert sein werden, an der Bewältigung fachfremder oder fachübergreifender Problemstellungen mitzuwirken und dafür auch Verantwortung zu übernehmen.

In dem Maße, wie Führungskräfte, insbesondere der mittleren Ebene, ihre angestammte Funktion als Informationsgeber, Informationsmittler, Informationsverarbeiter und letzte Instanz in allen fachlichen Fragen an die neuen Informations- und Kommunikationssysteme verlieren werden, müssen sie sich, wollen sie nicht im betrieblichen Abseits landen, neue Aufgabenfelder erschließen. Das klassische deutsche Prinzip: *Einmal Ingenieur, immer Ingenieur* hat damit endgültig ausgedient. Jeder, der nicht unmittelbar am Ende seines Berufslebens steht, wird sich damit abfinden müssen, in den kommenden Jahren nicht nur ständig Neues zu lernen, sondern auch Aufgaben wahrzunehmen zu müssen, die ihm heute noch völlig unbekannt sind. Und die Aussage: *Was viele Jahre richtig war, kann nicht plötzlich falsch sein,* die wir in mehr oder weniger verklausulierter Form immer wieder hören müssen, zeugt letztlich doch nur von Hilflosigkeit sowie der Unfähigkeit, sich rechtzeitig geänderten Verhältnissen anzupassen und neue Herausforderungen anzunehmen.

Für die Banken und Sparkassen führt auf Dauer kein Weg an dieser Entwicklung vorbei. So wie viele Industriebetriebe heute schon mehr als die Hälfte ihres Umsatzes mit Produkten machen, die jünger als 5 Jahre sind, werden auch Kreditinstitute schneller und flexibler als in der Vergangenheit mit innovativen Problemlösungen auf Veränderungen des Marktes und des Kundenverhaltens reagieren müssen. Die – gerade im Bankgeschäft – so hochgehaltene Beständigkeit, der Stolz auf Traditionen und das Festhalten an hergebrachten Strukturen wird von einer Klientel, die heute ganz anderen Wertmaßstäben verhaftet ist, höchstens als Unbeweglichkeit und schlimmstenfalls als Schlafmützigkeit interpretiert werden.

Die einzige Tradition, auf die man in einem Unternehmen wirklich stolz sein kann, ist die Tradition der Fortschrittlichkeit und des Erfolges, und damit die **Tradition permanenten Wandels.** Es ist die Aufgabe der Führungskräfte *aller* Ebenen, Motor und Taktgeber eines solchen Prozesses, aber niemals dessen alleiniger Träger zu sein.

Breisig[33] nennt sechs Vorteile, die sich das Management eines Unternehmens durch die einbindenden Effekte der Gruppenarbeit verspricht:
1. *Entspannung der konfliktbeladenen Beziehung zwischen Management und Beschäftigten, die sich zumal bei anstehenden technisch-organisatorischen Rationalisierungsmaßnahmen ergibt.*
2. *Stärkung der Identifikation des einzelnen mit dem Unternehmen.*

---

[33] Thomas Breisig: a. a. O.

3. *Bild des Arbeitgebers als »wahrer« Interessenvertreter der Arbeitnehmer.*
4. *Veränderungen bzw. Entscheidungen, an denen der Beschäftigte beteiligt ist, werden eher akzeptiert und wenn möglich aktiv nach außen vertreten.*
5. *Die Beteiligten geben bereitwillig ihre arbeitsbezogenen Kenntnisse zu Rationalisierungszwecken preis.*
6. *Die Beteiligten werden motiviert und legen ein möglichst hohes Leistungsniveau an den Tag.*

Die Betroffenen sollen dabei das Gefühl bekommen, einen gewissen Einfluß auf die Gestaltung der eigenen Arbeitsbedingungen zu besitzen, die in der Vergangenheit stets als »von oben« gesetzt erlebt und erfahren wurden.

Es wäre allerdings fatal, wenn diese Begründung von den Betroffenen als eine Manipulation zur Verfolgung einseitiger Arbeitgeberinteressen verstanden würde. Für erfolgversprechende Gruppenarbeit muß immer die Lösung eines Problems im Sinne der Qualitätsverbesserung als intellektuelle Herausforderung im Vordergrund stehen. Sie ausschließlich als Instrument klassischer Rationalisierungsbestrebungen einzusetzen, hieße ihren Mißerfolg zu provozieren. Wenn bei den Betroffenen der Eindruck entstehen sollte, daß von ihnen letztlich erwartet wird, erst den Knüppel schnitzen zu müssen, mit dem sie anschließend geprügelt werden, ist für sie das Thema Gruppenarbeit unwiderruflich gestorben.

Nein, wir müssen uns nur endgültig von dem Gedanken lösen, ausschließlich die individuelle Leistung einzelner sei Ausweis für betrieblichen Erfolg. All die vielen beeindruckenden Geschichten über herausragende Unternehmerpersönlichkeiten und betriebliche Überväter zeigen bei genauerem Hinsehen nur eines: daß es im besten Fall Persönlichkeiten waren, die es verstanden, eine als richtig erkannte Idee beharrlich, konsequent und gegen alle Widerstände zu verfolgen. Und vor allem, daß sie ein Gespür dafür hatten, die richtigen Leute für sich und für ihre Ziele zu gewinnen und zu einem erfolgreichen Team zusammenzuschweißen.

Um jedoch einem möglichen Mißverständnis vorzubeugen: Nicht jede Gruppe ist erfolgreich! Gemeinsame Ziele sind zwar

Voraussetzung zum Erfolg einer Gruppe, »*vorausgesetzt, das Team ist für ganz spezifische Resultate kollektiv verantwortlich, und das Leistungsethos des Unternehmens verlangt diese Resultate auch*[34]«, aber sie sind noch nicht Garant für deren Erfolg. Erst wenn eine optimale Kombination der verschiedenen auf eine Gruppe einwirkenden und innerhalb der Gruppe wirksamen Faktoren vorliegt, wird eine Gruppe wirklich erfolgreich im Sinne der für sie beschriebenen Ziele sein können. Folgende Einflußgrößen verdienen hierbei besondere Aufmerksamkeit:

1. Das Persönlichkeitsbild der einzelnen Gruppenmitglieder und der verantwortlichen Führungskraft innerhalb der Gruppe
2. Die Ziele und Normen der Gruppe
3. Außeneinflüsse und situative Bestimmungsgrößen
4. Die angewandten Führungsmittel

2.3.1 Persönlichkeitsbild der Gruppenmitglieder.

Es wurde bereits festgestellt, daß nur im zielorientierten Zusammenwirken *leistungsfähiger* und *leistungswilliger* Persönlichkeiten *unterschiedlichster* Struktur herausragende Problemlösungen entstehen. Dieses Zusammenwirken wird nur dann zu erreichen sein, wenn die persönlichen Ziele der einzelnen Gruppenmitglieder sowohl mit den formalen als auch den informellen Zielen der Gruppe in Einklang stehen. (Das schließt z. B. eine Zwangsmitgliedschaft einzelner Teammitglieder von vornherein aus).

Dabei spielt die Führungskraft innerhalb der Gruppe eine entscheidende Rolle. Sie hat nicht nur die Aufgabe, die Gruppe nach außen zu vertreten und sicherzustellen, daß ihr alle benötigten Arbeitsmittel und Informationen zur Verfügung stehen, sondern ihre Aufgabe ist es insbesondere, innerhalb der Gruppe ein Arbeitsklima herzustellen und zu bewahren, das einerseits die persönlichen Ziele der Gruppenmitglieder angemessen berücksichtigt, andererseits aber leistungsorientiertes und zielstrebiges Arbeiten fördert. Natürliche Autorität und ein Führungsstil, der nicht einengt, sondern auch Raum für Spaß, Nebenwege und

---

[34] Jon K. Katzenbach/Douglas K. Smith: TEAMS der Schlüssel zur Hochleistungsorganisation, Wien 1993

kreative Abschweifungen läßt, der durch direkte und intensive Kommunikation den inneren Zusammenhalt der Gruppe fördert und der jedem Gruppenmitglied signalisiert, nicht nur wichtiger, sondern *unverzichtbarer* Teil der Gruppe zu sein, ist hierfür die Voraussetzung.

In einer Arbeitsgruppe mit anspruchsvoller Aufgabenstellung wird es immer Auseinandersetzungen geben: Über die geeignete Vorgehensweise, über die Qualität und Praktikabilität gefundener Lösungen und vor allem über die Frage, welche Chancen ein gefundenes Ergebnis hat, tatsächlich realisiert zu werden. (Tatsächlich ist letzteres eines der beliebtesten Killerargumente, insbesondere, wenn sich die Unternehmensleitung in der Vergangenheit nicht gerade durch extreme Entscheidungsfreude hervorgetan hat.) Diese Auseinandersetzungen, die bisweilen recht hitzig verlaufen können, sind notwendig und geradezu ein elementarer Bestandteil des gesamten Zielerreichungsprozesses. *»Nicht diejenigen sind zu fürchten, die anderer Meinung sind, sondern diejenigen, die anderer Meinung sind, aber zu feige sind, es zu sagen«* hat schon Napoleon festgestellt. Unerfahrene Führungskräfte neigen häufig aus Angst vor einer unkontrollierten Eskalation dazu, derartige Kontroversen unter Hinweis auf drohenden Zeit- und Aufgabendruck abzukürzen oder sogar nach Möglichkeit zu verhindern. Dies wäre fatal, kann eine solche Auseinandersetzung doch neben allen sachlichen Aspekten immer auch ein Hinweis darauf sein, daß einzelne Teammitglieder noch mit Akzeptanzproblemen oder der Bestimmung ihres Stellenwertes innerhalb der Gruppe kämpfen. Und das muß im Sinne des Gruppenzusammenhaltes und des Gruppenerfolges geklärt werden. Allerdings – den Gruppenzusammenhalt durch Anbiederungsfloskeln der Führungskraft suchen zu wollen, wäre der falsche Weg. Sprüche wie *»wir sitzen schließlich alle in einem Boot«* provozieren nur die Überlegung, wer da wohl im Schweiße seines Angesichtes rudert und wer mit der Trommel die Taktzahl bestimmt.

Betriebliche Arbeitsgruppen werden nicht gebildet, um ein umfassendes Harmoniebedürfnis zu befriedigen (das sollte man Gesangsgruppen überlassen), sondern um für den erfolgreichen Fortbestand des Unternehmens wichtige Probleme zu lösen. Wer daran teilnimmt, wird nicht nur sein Wissen und Können, sondern auch seine Vorurteile und Unzulänglichkeiten, seine Ecken, Kanten und Reibungsflächen mitbringen. Dies ist unvermeidbar und sollte von jedem einzelnen – auch in Bezug auf seine Teamkollegen – akzeptiert werden.

2.3.2 Die Ziele und Normen der Gruppe

Arbeitsgruppen, seien es Projektgruppen oder ständige Arbeitsgruppen, brauchen – wir haben mehrfach darauf hingewiesen – ein klares Ziel. Diese banale Aussage kann nicht oft genug wiederholt werden, weil eben in der Praxis auch oft genug dagegen verstoßen wird. Kohäsion (Zusammenhalt) und Lokomotion (Bewegung) der Gruppe – Grundlage ihres Erfolges – begründen sich auf klaren, anspruchsvollen (aber auch widerspruchsfreien) Zielen. Sie, und nur sie schaffen die Voraussetzungen für ein Gruppenklima, das von jedem einzelnen Gruppenmitglied Überdurchschnittliches fordert.

Neben formalen Zielen werden von den einzelnen Gruppenmitgliedern aber immer auch informelle Ziele verfolgt werden. Sei es das persönliche Fortkommen, die Sicherung einer (offiziellen oder inoffiziellen) Rangfolge, die Verfolgung individueller Wertmaßstäbe oder so »selbstverständlicher« Einzelaspekte, daß es überflüssig wäre, darüber zu sprechen (Wenn eine Stellungnahme mit den Worten »*wie bekanntlich jedermann weiß...*« oder »*es ist doch selbstverständlich, daß...* « beginnt, ist höchste Vorsicht angebracht, weil dann gerne etwas folgt, das außer dem Redenden niemand weiß oder kennt), sie alle begleiten die Arbeit einer Gruppe und fördern, oder behindern – die Erreichung des Zieles.

Vordringliche Aufgabe des Leiters einer Gruppe muß daher sein, bereits zu Beginn der Gruppenarbeit eine größtmögliche Klarheit nicht nur über die einzelnen Aspekte der Aufgabenstellung, sondern auch über die hierbei zu beachtenden Bedingungen herzustellen und sich des Konsenses der Gruppe darüber zu versichern. Der hierfür erforderliche Kommunikationsaufwand ist nicht unerheblich, zahlt sich aber im weiteren Verlauf der Arbeit aus. Gruppenmitglieder, die in dieser »Aufwärmphase« dazu drängen, möglichst schnell »zur Sache« zu kommen, bringen damit nur zum Ausdruck, daß sie bereits eigene Vorstellungen über den weiteren Fortgang entwickelt haben und (bewußt oder unbewußt) nicht ohne weiteres bereit sind, diese zur Diskussion zu stellen.

Damit kommen wir zu der Rolle, die die einzelnen Mitglieder – unabhängig von ihrer fachlichen Funktion – innerhalb der Gruppe spielen. Ausgehend von ihrem Persönlichkeitsbild werden sie entweder versuchen, sich durch entsprechendes Dominanzverhalten den ihrem inneren Anspruch entsprechenden Platz in der Gruppe zu erkämpfen bzw. zu sichern, oder sie werden von den übrigen Mitgliedern in ein bestimmtes Rollenverhalten gedrängt. Die Kenntnis der sich herausbildenden Gruppenstruktur ist ein wichtiges Steuerungselement für den Gruppenleiter, denn sie bildet das Gerüst für den allmählichen Aufbau der Gruppenleistung. Ein gängiges Instrument für die Ermittlung der Gruppenstruktur ist das Soziogramm[35], in dem über eine Befragung der Gruppenmitglieder deren positive oder negative Beziehung zu anderen Mitgliedern der Gruppe ermittelt wird. Über Fragen wie z. B.
- mit wem würden Sie zukünftig gerne enger zusammenarbeiten,
- mit wem würden Sie gerne private Kontakte pflegen
- usw.

sowie jeweils das Gegenteil
- mit wem würden Sie *nicht* gerne enger zusammenarbeiten,
- mit wem wollen Sie *keine* privaten Kontakte pflegen
- usw.

wird der Grad der Beliebtheit bzw. Unbeliebtheit der einzelnen Gruppenmitglieder sowie das Ausmaß des sozialen Kontaktes (= Anzahl der Nennungen) untereinander festgestellt. Als Ergebnis wird man sich ein recht klares Bild über die Gruppenstruktur sowie eventuell vorhandener Frontbildungen innerhalb der Gruppe machen können. Die Kenntnis, wer in der Beliebtheitsskala ganz oben steht (viele positive Nennungen), wer als Außenseiter gilt (sehr geringe Zahl sowohl von positiven als auch negativen Nennungen) und schließlich, wer von der Gruppe abgelehnt wird (hohe Zahl negativer Nennungen) ist für den Führer der Gruppe ein wertvolles Hilfsmittel zur zielgerichteten Steuerung sowie zur Dynamisierung der Gruppenarbeit.

[35] Siehe auch: Höhn, E./Schick, C. P.: Das Soziogramm, Göttingen 1980

Die Struktur einer Gruppe hat erheblichen Einfluß auf das mögliche Gruppenergebnis. Aus diesem Grunde ist bei der Zusammenstellung von Arbeitsgruppen besondere Sorgfalt anzuwenden. **Es sind nur diejenigen Gruppenmitglieder auszuwählen, die von ihrer fachlichen und persönlichen Qualifikation die besten Voraussetzungen mitbringen.** Irgendwelche »demokratischen« Gesichtspunkte oder die Berücksichtigung von Gruppeninteressen haben hierbei nichts verloren!

Gruppenstrukturen können dadurch homogenisiert und in ihrer möglichen negativen Auswirkung auf das Gruppenergebnis gemildert werden, daß sich die Gruppe einigen strikt einzuhaltenden Arbeitsregeln unterzieht wie z. B.:

Klare Aufgaben-zuordnung	Jedem Teammitglied werden im Rahmen der Gesamtzielsetzung selbständig und eigenverantwortlich zu bearbeitende Teilsegmente zugeordnet.
Pünktlichkeit und Zuverlässigkeit	Die übertragenen Aufgaben werden vollständig und zu den vereinbarten Terminen erledigt, bei Störungen wird umgehend die Gruppe informiert.
Vertraulichkeit	Es werden keine Informationen an Außenstehende über den ausdrücklich vereinbarten Umfang hinaus weitergegeben. Konflikte werden *ausschließlich* innerhalb der Gruppe ausgetragen.
Konsens	Entscheidungen werden gemeinsam getroffen. Bei unterschiedlichen Auffassungen muß so lange diskutiert und nachgebessert werden, bis ein Konsens gefunden ist.

Durch eine vom Beginn der Gruppenarbeit an durch Arbeitsregeln gesteuerte und konsequent beobachtete Arbeitsdisziplin können insbesondere neutrale und in ihrer Kommunikationsfähigkeit eingeschränkte Gruppenmitglieder stärker eingebunden werden.

2.3.3 Außeneinflüsse und situative Bestimmungsgrößen

Jede Arbeitsgruppe wird vielfältigen Außeneinflüssen ausgesetzt sein. Da sind die Führungskräfte, die fürchten, daß durch die Arbeit der Gruppen ihr »Herrschaftsbereich« berührt – oder womöglich ihre fachliche Kompetenz in Frage gestellt wird, da sind weiter die eventuell betroffenen Mitarbeiter, die versuchen, mögliches Unheil abzuwenden, und schließlich die wohlmeinenden Kolleginnen und Kollegen, die das Ganze sowieso für Schwachsinn halten. Und natürlich auch all diejenigen, die gute Ratschläge erteilen (und nebenbei längst *die* ultimative Lösung des anstehenden Problems in der Tasche haben).

Sich diesen Außeneinflüssen zu entziehen, wird nicht immer ganz leicht sein, ist aber für einen guten Zusammenhalt innerhalb der Gruppe und für das Entstehen eines echten »Wir«-Gefühles von großer Bedeutung. Überdurchschnittlich erfolgreiche Arbeitsgruppen verstehen sich immer auch als eine verschworene Gemeinschaft, die bereit ist, für ihre Überzeugungen zu kämpfen und sie nötigenfalls gegen eine feindlich gesonnene Umwelt durchzusetzen.

Eine weitere Bestimmungsgröße für den Erfolg einer Arbeitsgruppe ist der von der Aufgabenstellung ausgehende Lösungsdruck. Eine Ausgangslage, die der Gruppe signalisiert, ihre Aufgabe gehöre nicht gerade zu den heißesten Problemen des Unternehmens und sie habe für die Lösung alle Zeit der Welt, ist sicherlich nicht dazu angetan, zu Höchstleistungen anzuspornen. Andererseits heißt das natürlich nicht, jeder Arbeitsgruppe suggerieren zu müssen, daß von ihrer Arbeit die unmittelbare Existenzsicherung des Hauses abhängt.

Arbeitsgruppen sind dann einzurichten, wenn für die Lösung komplexer Problemstellungen das Wissen und Können mehrerer Fachleute erforderlich ist. Die Teammitglieder haben daher ein Recht darauf, sachlich und umfassend über die betriebliche Notwendigkeit und mögliche Konsequenzen ihrer Arbeit informiert zu werden. Beste Ergebnisse werden immer dann zu erzielen sein, wenn die Aufgabenstellung einer Arbeitsgruppe aus nachvollziehbaren Zwängen des Marktes abzuleiten ist und mit den Zielen und Vorstellungen der Gruppenmitglieder korrespondiert.

2.3.4 Die angewandten Führungsmittel

Zielgerichtete Gruppenarbeit entsteht nicht von selbst, sondern bedarf der Führung. Und damit hängt der Erfolg einer Arbeitsgruppe zu einem erheblichen Teil von den – insbesondere menschlichen – Qualitäten der für sie verantwortlichen Führungskraft ab. Nicht in dem Sinne, daß die Führungskraft den Erfolg eigenhändig befördert, sondern dadurch, daß sie im guten und im schlechten Sinne Vorbild, Motor oder Bremse für die Entwicklung der Gruppe ist. Führungskräfte, die mit allen Mitteln versuchen, Persönliches aus der Arbeit herauszuhalten (»für mich zählt nur die Sache!«), zeigen damit nur eine tiefsitzende Unsicherheit im Umgang mit ihren Mitmenschen. Ihr Unbehagen vor »persönlichen Problemen« anderer wird doch nur aus der Unfähigkeit gespeist, die eigenen Probleme zu lösen. An der Erkenntnis: **Wer mit Personen zu tun hat, hat auch mit ihren Problemen zu tun,** führt kein Weg vorbei! Kaum jemand dürfte in der Lage sein (auch wenn er das manchmal glaubt), sein persönliches Umfeld gänzlich aus seiner Arbeitswelt herauszuhalten. Dies wäre im übrigen auch höchst fatal, denn herausragende Gruppenleistungen entstehen nur aus dem »Zusammenprall« unterschiedlichster und höchst komplexer Persönlichkeitsstrukturen, die sich gemeinsam der Erreichung eines Zieles verschrieben haben. Der Weg dorthin folgt nicht immer klaren und geordneten Strukturen, sondern ist oft genug von intensiven Auseinandersetzungen und »kreativem Chaos« gezeichnet.

Mittel der Führung ist die Kommunikation! Sie ist, richtig gehandhabt, der Sauerteig, mit dem die Arbeit erst die richtige Würze bekommt. Allerdings, der Grat zwischen dem notwendigen und fruchtbaren Informations- und Gedankenaustausch sowie endlosen Debatten, die nur um ihrer selbst willen oder zur Stärkung des eigenen Selbstbewußtseins geführt werden, ist manchmal sehr schmal. Teammitglieder, die scheinbar unter chronischer Logorrhöe (= Sprachdurchfall) leiden, können mit ihrer Geschwätzigkeit eine ganze Arbeitsgruppe paralysieren. Dagegen hilft nur ein straffer Zeitplan und eine »bedarfsgerechte« Verteilung zu erledigender Sachaufgaben.

Die Zeit der großen Individualisten und der »einsamen Wölfe«, wir mögen das bedauern, ist in der heutigen Arbeitswelt unwiderruflich zu Ende. Unser Umfeld ist so komplex geworden, daß das Können einzelner untergeht, wenn nicht ein Team zur Verfügung steht, das sie trägt, fordert, bestärkt und unterstützt. Teamfähigkeit, heute aus keiner Stellenanzeige mehr wegzudenken, ist aber in den seltensten Fällen angeboren, sondern muß, mühsam genug, gelernt werden. Wir müssen lernen, auf vordergründige Selbstbestätigung zu verzichten, Toleranz und Humor zu zeigen und – neben der Beherrschung einschlägiger Techniken und Methoden – ein hohes Maß an Arbeitsdiziplin anzuwenden.

Damit kann nicht früh genug begonnen werden. Deshalb müssen Mitarbeiter vom Beginn ihrer Zugehörigkeit zum Unternehmen an in Arbeitsgruppen eingebunden und in Gruppenverhalten trainiert werden.

3.1   Teamorientierte Personalentwicklung – der Weg in die Zukunft

Teams sind »in«! *Kaum ein Service-Unternehmen, das uns nicht in seiner Werbung fröhlich lachende und winkende oder auch ernsthafte, ganz vom Geist ihrer Berufung durchdrungene junge Leute vorführt, die in geschlossener Formation auf uns zueilen, um uns die Wünsche von den Augen abzulesen und ganz und gar zu unseren Diensten zu sein.*

Der Begriff des Teams hat Eingang in unsere Alltagssprache gefunden. Wir betreiben »Teamwork«, berufen uns auf den »Teamgeist« und fordern »Teamdenken« – meist ohne lange darüber nachzudenken, was damit eigentlich ganz konkret gemeint ist. Teamorientierte Personalentwicklung also nur als »Me-too«-Effekt?

Dazu ein Beispiel: Viele Kreditinstitute haben in den vergangenen Jahren marktorientierte Vertriebskonzeptionen in Verbindung mit einer Kundengruppensegmentierung eingeführt, um die einzelnen Teilmärkte zukünftig intensiver und bedarfsgerechter betreuen zu können. Im Zusammenhang damit wurde (vor allem bei Firmenkunden und vermögenden Privatkunden) entweder eine organisatorische Trennung zwischen Beratungs- und Sachbearbeitungsaufgaben vorgenommen, oder es wurde die sogenannte »Teamlösung« gewählt, in der Berater und Sachbearbeiter gemeinsam die zugeordneten Kunden betreuen.

Die Praxis zeigt nun leider, daß – für welche Alternative man sich auch entschieden hat – in vielen Fällen der erhoffte Effekt ausgeblieben ist, weil es nicht gelang, das Dominanzstreben einzelner Funktionsträger zugunsten *gemeinsamer* Zielerreichung zurückzuführen. Zwischen Beratern und Sachbearbeitern werden mit allen Methoden moderner Kriegsführung erbitterte Machtkämpfe um Zuständigkeiten, Kompetenzen und hierarchische Einstufung ausgetragen, und immer dann, wenn die Zusammenarbeit einigermaßen funktioniert, wird man feststellen, daß sich eine der beiden Gruppen durchgesetzt hat und die andere nur noch Assistenz- und »Wasserträger«-Dienste leistet.

Die Folge ist, daß viele Institute schon nach wenigen Jahren die von ihnen ursprünglich gewählte Lösung in Frage stellen und glauben, die aufgetretenen »Schnittstellenprobleme« durch einen Wechsel der Betreuungskonzeption lösen zu können.

In Wirklichkeit liegt das Problem jedoch darin, daß die Organisation etwas anderes vorgibt, als die betroffenen Mitarbeiter (oder ein Teil dieser Mitarbeiter) wirklich wollen und können. Viele Mitarbeiter, und hier vor allem die besonders leistungsorientierten und ehrgeizigen unter ihnen, sind aus dem verständlichen Bemühen, sich durch gute Einzelleistungen hervorzuheben (und sich damit auch für weitergehende Aufgaben zu empfehlen) noch zu sehr einem Individualismus verhaftet, der für den Gedanken, das Ergebnis einer Gruppe über den eigenen persönlichen Erfolg zu stellen, keinen Raum läßt. Das wurde im Grunde genommen auch nicht anders erwartet, denn die gebräuchlichen Methoden und Instrumente der Personalentwicklung waren in der Vergangenheit fast ausschließlich auf die Förderung und Entwicklung genau dieser Eigenschaften ausgerichtet.

Wir brauchen heute eine Form der Personalentwicklung, die Teamorientierung und vernetztes Denken fördert, um die immer komplexer werdenden Geschäftsprozesse, in denen der einzelne kaum noch in der Lage ist, den Wirkungszusammenhang unterschiedlicher Einflußgrößen umfassend zu bewerten, erfolgreich zu steuern. Untersuchungen haben ergeben, daß bei komplexen Aufgabenstellungen interdisziplinäre Teams *immer* bessere Leistungen erbringen als die einzelnen Fachleute. Dem muß durch die gezielte Entwicklung derjenigen Eigenschaften und Kenntnisse Rechnung getragen werden, die die Mitarbeiter in die Lage versetzen, im Rahmen von Teams ein Ethos zu entwickeln, das bei hohem individuellem Leistungswillen dennoch das Ergebnis der Gruppe in den Vordergrund stellt und darin seine Arbeitszufriedenheit findet.

Und wir brauchen Unternehmensleitungen, die bereit sind, sich vom Wunschbild des überragenden Einzelkämpfers zu lösen und Gruppen als integralen Bestandteil moderner Unternehmensorganisation zu begreifen. Die bereit sind, ihnen Aufgaben, Kompetenzen und Verantwortung zu übertragen und ihnen im Rahmen der Aufbauorganisation die gleiche Bedeutung und den gleichen Stellenwert wie den klassischen Organisationseinheiten zuzubilligen.

Teamorientierte Personalentwicklung bedeutet, die Mitarbeiter neben der Förderung und Entwicklung individueller Fähigkeiten und Kenntnisse darauf vorzubereiten, daß sie in Zukunft neben ihrer normalen Tätigkeit vermehrt in projektbezogene und fachübergreifende Arbeitsgruppen eingebunden sein werden. Die Beurteilung ihrer Leistung und ihrer Förderwürdigkeit wird sich zukünftig vor allem auch danach richten müssen, inwieweit es ihnen gelingt, neben der Einbringung von Fachwissen durch ihre Integrationsfähigkeit und Sozialkompetenz zum Erfolg der jeweiligen Gruppe beizutragen. Förderprogramme und Karriereplanung von Nachwuchskräften müssen auf die Entwicklung dieser Eigenschaften ausgerichtet werden – zu Lasten des in der Vergangenheit allein maßgebenden endlosen Büffelns von Detailwissen.

Für ein Kreditinstitut, das seine Personalentwicklung systematisieren will, ohne jedoch einen kostspieligen Apparat aufbauen zu müssen, empfiehlt sich die nachstehende Schrittfolge. Alle wesentlichen Elemente der Personalentwicklung auf einen Schlag einführen zu wollen würde die sachlichen und personellen Ressourcen, insbesondere mittelständischer Kreditinstitute, völlig überfordern. Außerdem muß den Mitarbeitern und Führungskräften ausreichend Gelegenheit geboten werden, sich mit den einzelnen Instrumenten vertraut zu machen, Erfahrungen zu sammeln und diese Erfahrungen auch »zu verdauen« und gemeinsam auszuwerten.

Entwicklungsstufe 1: Implementierung der grundlegenden Instrumente der Personalentwicklung. Für diese Entwicklungsstufe muß ein Zeitbedarf von etwa zwei Jahren angesetzt werden, da neben den erforderlichen Schulungen mindestens zwei Beurteilungsintervalle benötigt werden, um alle »Rumpelgeräusche« zu beseitigen und das Verfahren im Bewußtsein aller Mitarbeiter fest zu verankern.

Schritt 1: **Entwicklung, Beschreibung und Verabschiedung der Ziele, Grundsätze und Inhalte der Personalpolitik durch den Vorstand des Hauses.**

Mit diesem Schritt wird die Grundlage für den gesamten Aufbau der Personalentwicklung gelegt. Im Konsens mit den Führungskräften des Hauses wird eindeutig festgelegt, *was* gewollt ist und *wie* es gewollt ist.

Schritt 2: **Festlegung der Verantwortlichkeit für die konzeptionelle Erarbeitung, fachliche Begleitung und administrative Abwicklung von Personalentwicklungsmaßnahmen und deren organisatorische Zuordnung.**

Es wird eine Stelle (oder Teilstelle) geschaffen, der zukünftige Stelleninhaber benannt und fachlich auf seine Aufgabe vorbereitet.

Schritt 3: **Aufbau der quantitativen und qualitativen Personalplanung.**

Ermittlung des quantitativen und qualitativen Personalbedarfes durch die Personalabteilung in Zusammenarbeit mit den Führungskräften. Erstellung eines kurz-, mittel- und langfristigen Personalbedarfsplanes und des adäquaten Personalentwicklungsplanes. Diese Pläne bilden die Grundlage für alle Maßnahmen zur Qualifizierung von Mitarbeitern.
(→ *Abschnitt 3.2*)

Schritt 4: **Einführung und Institutionalisierung der Mitarbeiterbeurteilung in Form von Mitarbeitergesprächen.**

»Richtig« zu beurteilen will ebenso gelernt sein, wie »richtig« mit einer Beurteilung der eigenen Leistung umzugehen. Deshalb erfordert die Einführung eines Beurteilungssystems nicht nur ein hohes Maß an Abstimmung zwischen Unternehmensleitung und Führungskräften, sondern auch zwischen Führungskräften und Mitarbeitern. Außerdem müssen in ausreichendem Maße Trainings und Workshops durchgeführt werden.
(→ *Abschnitt 3.3*)

Entwicklungsstufe 2: Die zweite Entwicklungsstufe sollte erst begonnen werden, wenn sichergestellt ist, daß alle wesentlichen, in der ersten Stufe aufgetretenen Probleme beseitigt werden konnten. Gerade in diesem sensiblen Bereich wäre Hektik völlig unangemessen und würde die weitere Entwicklung eher gefährden als befördern. Die Einzelschritte der zweiten Entwicklungsstufe setzen den Erfahrungshintergrund der ersten Stufe voraus und können daher nicht isoliert betrachtet werden.

Schritt 4: **Einführung von Job rotation**
(→ *Abschnitt 3.4*)

Schritt 5: **Einführung von Ausbildung am Arbeitsplatz**
Die Schritte 4 und 5 schaffen die Voraussetzung für eine Flexibilisierung der Einsatzmöglichkeiten der Mitarbeiter. Außerdem werden darin die Grundlagen für die Übernahme weitergehender Verantwortung durch Nachwuchskräfte gelegt.
(→ *Abschnitt 3.6*)

Entwicklungsstufe 3: Die Einhaltung einer zeitlichen Abfolge zwischen Stufe 2 und Stufe 3 ist grundsätzlich nicht erforderlich, da das Coaching zunächst einmal auf die mittlere Führungsebene zu begrenzen ist. Dennoch stellt diese Stufe bereits so hohe Anforderungen an den Grad der Organisationsentwicklung, daß sie erst dann in Angriff genommen werden sollte, wenn in der Stufe 2 erste deutlich sichtbare Erfolge erzielt wurden und sowohl Job Rotation als auch Training am Arbeitsplatz allgemeine Akzeptanz als Standardverfahren gefunden haben.

Schritt 6: **Einführung von Coaching**
Um bestimmte Einzelpersonen nicht allzusehr ins Scheinwerferlicht zu rücken, sollte zunächst mit Gruppen-Coaching begonnen werden, bevor das Einzel-Coaching zum Einsatz kommt.
(→ *Abschnitt 3.5*)

Inwieweit Outplacement-Beratungen parallel zu den einzelnen Entwicklungsstufen zur Anwendung kommen sollten, hängt von der individuellen Personalsituation des einzelnen Hauses ab und kann daher in keine Schrittfolge eingebunden werden.

»Berücksichtigt man, daß über den geschäftlichen Erfolg einer Bank – weit mehr als in anderen Branchen – die Qualität der Mitarbeiter entscheidet, so kommt der Planung quantitativer und qualitativer Mitarbeiterkapazitäten im Rahmen der strategischen Bankplanung besondere Bedeutung zu.« (Büschgen 1992)

Es gibt kaum einmal einen gediegenen Anlaß, von der Azubi-Abschlußfeier bis zum Rentnertreffen, bei dem die Festredner nicht die vorstehende Aussage in endlosen Variationen in ihre Manuskripte einbauen. Um so erstaunlicher ist es aber, daß insbesondere in mittelständischen Kreditinstituten sowohl quantitative als auch qualitative Personalplanung – wenn überhaupt – nur in rudimentären Ansätzen vorhanden ist.

Personalplanung erschöpft sich heute noch vielfach darin, eine genügende Zahl von Auszubildenden einzustellen in der Hoffnung, damit rechtzeitig Löcher, die sich im Personalbestand (durch Mutterschaft oder Kündigung) auftun, wieder stopfen zu können. Die Personalverantwortlichen sind häufig nicht Herr ihrer Entscheidungen, sondern bekommen diese von Mitarbeitern, von den Ehepartnern der Mitarbeiterinnen oder dem Wettbewerb (der sich gute Nachwuchskräfte schnappt) aufgezwungen. Man könnte sich fragen, *wo* eigentlich die Personalpolitik eines Hauses letztlich gemacht wird.

Das ist sicherlich etwas überspitzt formuliert, und man wird natürlich auch in Zukunft abrupten Personalwechsel nicht verhindern können (und auch nicht wollen). Nur – man sollte, wenn derartiges passiert, darauf vorbereitet sein. Und deshalb muß nicht nur der qualitative, sondern auch der quantitative Personalbedarf eines Hauses mittel- und längerfristig geplant werden.

Dem Einwurf der Praktiker, *»was nützt die schönste Planung, wenn doch immer wieder alles durch unvorhersehbare Ereignisse über den Haufen geworfen wird?«*, sollte man entgegenhalten: **Planung ist die gedankliche Vorwegnahme von in der Zukunft liegenden Ereignissen.** Wer systematisch plant, ist auf Eventualitäten vorbereitet und kann daher rechtzeitig Handlungsalternativen entwickeln.

Für jeden Leistungsbereich des Hauses ist daher in Zusammenarbeit mit den verantwortlichen Führungskräften über Kennzahlensysteme, Hochrechnung oder Schätzung mittel- und langfristig zu ermitteln, wie sich – bedingt durch technisch-organisatorische Entwicklungen sowie strukturelle Veränderungen (Wandlungen des Marktes und im Käuferverhalten) – der quantitative Personalbedarf darstellt. Diese Aufstellung ist jährlich zur Übernahme in die Gesamtplanung des Hauses zu aktualisieren.

Kurzfristig und auf die einzelnen Leistungseinheiten bezogen, erfordert die Produktivitätssteuerung als Grundelement des operativen Controllings neben der Betrachtung des technisch-organisatorischen Bereiches vor allem die *ständige Überwachung* der für die Aufgabenerledigung zur Verfügung stehenden personellen Kapazitäten. Ihre Dimensionierung beeinflußt wesentlich die Kosten der betrieblichen Leistungserstellung.

Die Frage, ob eine organisatorische Einheit ausreichend personell besetzt ist oder ob eine personelle Über- bzw. Unterbesetzung vorliegt, kann nur durch Einsatz von Methoden zur personellen Bemessung objektiv und frei von Emotionen beantwortet werden.

Eine genaue Kenntnis des im Ist-Zustand notwendigen Personalbedarfs bildet die Grundlage für die personelle Besetzung einer organisatorischen Einheit und eine kurzfristige Personaldisposition.

Eine personelle Überbesetzung ist dann gegeben, wenn in einer Abteilung oder Gruppe mehr Personen beschäftigt sind, als dies aufgrund des *durchschnittlichen* Arbeitsvolumens notwendig ist. Gebildet wird die Überbesetzung dadurch, daß an mehreren Arbeitsplätzen – teilweise geringe – Bruchteile der monatlichen Arbeitszeit ungenutzt sind. Je größer der entsprechende Bereich ist, desto größer ist in aller Regel auch die personelle Überbesetzung. Überbesetzungen von 25–30 % sind keine Seltenheit. Die Gründe dafür sind zwar auch vom einzelnen Mitarbeiter zu vertreten (z. B. durch hohe Inanspruchnahme persönlicher Verteilzeiten), liegen jedoch vor allem außerhalb seines Einflußbereiches. Beispiele hierfür sind u. a.

- schlechte Arbeitsverteilung,
- Probleme im Arbeitsumfeld,
- fehlende Personalbedarfsrechnung.

Der Personalbedarf einer bestimmten organisatorischen Einheit errechnet sich aus dem Quotienten der folgenden Werte

- Zeit für die Arbeit
(= durchschnittliche Zahl von Geschäftsvorfällen multipliziert mit der durchschnittlichen Bearbeitungszeit pro Geschäftsvorfall)
- die Zeit eines Mitarbeiters
(= regelmäßige Arbeitszeit pro Berechnungszeitraum).

Die quantitative Personalplanung (einschließlich Personalbedarfsrechnungen) ist, einmal für das Gesamtinstitut erstellt, mit keinem allzugroßen Aufwand verbunden, bildet jedoch eine unverzichtbare Grundlage für die Planung des **qualitativen** Bedarfs. Beide Elemente der Personalbedarfsermittlung bedürfen einander und sind in ihrer Gesamtheit auch elementare Ausgangsgrößen für die Personalentwicklung.

Wenn in den vergangenen Jahrzehnten neue oder zusätzliche Qualifikationen benötigt wurden, stand der Einkauf auf dem Arbeitsmarkt im Mittelpunkt aller Personalplanungsmaßnahmen. Dieses Bild hat sich inzwischen drastisch verändert: Rückläufige Ausbildungszahlen, Einstellungsstop oder gar Personalabbau bestimmen heute in vielen Instituten die Personalarbeit. Dabei muß die Personalpolitik zwei scheinbar unvereinbare Gegensätze in Einklang bringen: **Trotz sinkender Mitarbeiterzahlen wird bei gleichzeitig steigenden Qualifikationsanforderungen in Zukunft mehr zu leisten sein!** Die Handlungsschwerpunkte der Personalplanung verlagern sich daher immer mehr auf den qualitativen Aspekt. Qualität ist jedoch nicht beliebig verfügbar, sondern muß aufgrund des sich immer rascher vollziehenden Wandels »*just in time*« erworben werden. Die qualitative Personalplanung wird daher zunehmend zu einer Personalentwicklungsbedarfsplanung.

Die Personalentwicklungsbedarfsplanung ist das Ergebnis aus einem Vergleich zwischen den Leistungen im Ist-Zustand und den derzeitigen oder künftigen Anforderungen an die Leistung (Soll-Zustand).

Aus dem Ergebnis dieses Vergleiches sind die erforderlichen Maßnahmen zur Personalentwicklung in Richtung des definierten Soll-Zustandes abzuleiten. Sie können in arbeitsplatznahe sowie außerhalb des Arbeitsplatz stattfindende Maßnahmen unterschieden werden.

Während in der Vergangenheit insbesondere Seminare und Lehrgänge in der betrieblichen Weiterbildung dominierten, muß in Zukunft mehr Wert auf eine individuellere, arbeitsplatznahe Weiterbildung gelegt werden. Die Gründe hierfür liegen zum einen darin, daß der gestiegene Personalentwicklungsbedarf dazu zwingt, möglichst effektive und ökonomische Lernformen einzusetzen (jeder Seminartag kostet neben den Teilnehmergebühren zusätzlich ca. 500 DM an Personalkosten), zum anderen sind aber auch die Ansprüche der Teilnehmer gestiegen. Das »Drücken der Schulbank« wird als nicht mehr zeitgemäß angesehen und tagelanges Dozieren *ex cathedra* befriedigt nicht mehr die Bedürfnisse der Teilnehmer nach individuellen und dialogorientierten Problemlösungen.

3.2.1 Ermittlung der Anforderungen

Konzentration auf Schlüsselqualifikationen. Aufgrund der sich immer schneller verändernden Anforderungen an das Fachwissen, bedingt durch neue Techniken, neue Produkte, aber auch neue gesetzliche Bestimmungen ist es von großer Bedeutung, den Schwerpunkt der Personalentwicklung in die Verbesserung der individuellen Schlüsselqualifikationen zu legen. Diese können aber nicht in der »Laborsituation« von Seminaren erworben werden, sie lassen sich nur im ganzheitlichen Umfeld der komplexen Realität trainieren und entwickeln.

Schlüsselqualifikationen, Eigenschaften wie Teamfähigkeit, Initiative, Verantwortungsbereitschaft, aber auch Kommunikations- und Verhandlungsfähigkeit sowie die Fähigkeit und Bereitschaft, selbständig zu lernen, werden dabei immer wichtiger und gewinnen neben dem in der Vergangenheit absolut dominanten Fachwissen immer größere Bedeutung.

Wie aber können diese Schlüsselqualifikationen in der Praxis trainiert werden?

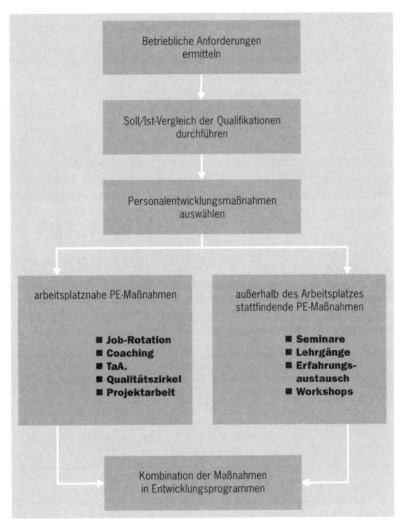

Abbildung 11 Schritte einer zielorientierten Personalentwicklung

Während der Ausbildung durch:
- Projektarbeit,
- Planspiele,
- Selbststudium,
- Rollenspiele,
- Betriebserkundungen.

Nach der Ausbildung durch:
- Förderkreise,
- Qualitätszirkel,
- Projektmanagement,
- Sonderaufgaben.

Die nachstehende Abbildung zeigt den Weg zur Vermittlung der genannten Qualifikationen am Beispiel einer Sparkasse:

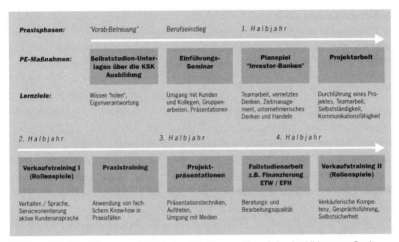

Abbildung 12 Vermittlung von Schlüsselqualifikationen während der Ausbildung zur Bankkauffrau/zum Bankkaufmann

Zielgruppenorientierung. Die Personalentwicklung ist neben den Schlüsselqualifikationen auch auf die Entwicklung der strategischen Geschäftsfelder auszurichten. Da unterschiedliche Kundengruppen für die Erreichung der Unternehmensziele unterschiedlich hohe Beiträge erbringen, ist es nur logisch, Zielgruppen unter den Mitarbeitern zu bilden und denjenigen besonderes Augenmerk zu widmen, deren Tätigkeit besondere Bedeutung für den angestrebten Geschäftserfolg besitzt.

Das können beispielsweise die Führungskräfte im Vertrieb sein, die Kundenberater im Privatkundengeschäft oder aber auch eine ganze Abteilung (z. B. die Wertpapierabteilung). Im Rahmen der Zielgruppenorientierung können bestimmte Schlüsselqualifikationen gelegentlich in den Hintergrund treten. Durch eine entsprechende Gewichtung erhält man die Lernfelder, die dann

101

unterschiedliche, zielgruppenspezifische Entwicklungsmaßnahmen auslösen. Das folgende Schaubild verdeutlicht das am Beispiel der Zielgruppen einer Sparkasse:

	Zielgruppen:		
Unternehmensziele:	Kundenbetreuer	Führungskräfte	Fachabteilungen
ertragsbewußte Kundenbetreuung	++	+	+
Qualität interner und externer Leistungen	++	+	0
Marktführerschaft	++	++	+
Führungsqualität	0	++	0

Legende: **0** = keine Bedeutung, **+** = von Bedeutung, **++** = hohe Bedeutung

Abbildung 13

Praktische Fragen hierzu:

1.1 Welche Qualifikationen sind erforderlich, um die Ziele zu erreichen?

1.2 Welche Defizite ergeben sich aus dem Soll/Ist-Vergleich?

1.3 Sind die zu Qualifizierenden
   – einzelne Mitarbeiter?
   – Funktionsgruppen?
   – ganze Organisationseinheiten?

1.4 Welche Anzahl ist zu berücksichtigen?

1.5 Welche PE-Maßnahmen sind am geeignetsten?

3.2.2 Bedarfsorientierung

Wenn Personalentwicklung erfolgreich sein will, muß sie eindeutig aus den Unternehmenszielen abgeleitet werden können. Auf die in der Praxis unumgängliche Verzahnung der Personalentwicklung mit der quantitativen Personalplanung wurde bereits hingewiesen. Eine nicht bedarfsgerechte Personalentwicklungsplanung führt nicht nur zu vermeidbaren Kosten, sondern auch zu Orientierungslosigkeit und Reibungsverlusten bei Mitarbeitern und Führungskräften und damit zu unnötig hohen Fluktuationsquoten.

Insbesondere wegen der langen Vorlaufzeiten in der Ausbildung (bis zu 4 Jahre) ist es wichtig, frühzeitig den Bedarf zu ermitteln. Die Frage: Welche Qualifikationen in welchem Umfang werden in 5 Jahren benötigt? bildet den Ausgangspunkt.

Feststellen der vorhandenen Qualifikationen und der Defizite. Ein wichtiges Instrument, den individuellen Entwicklungsbedarf festzustellen, ist das Mitarbeitergespräch. In ihm werden die Anforderungen den tatsächlich erbrachten Leistungen gegenübergestellt.

Notwendige Hilfsmittel hierfür sind Anforderungsprofile sowie Stellen- und Aufgabenbeschreibungen. Wer das Ziel (= Anforderungen) nicht kennt, für den ist jeder Weg (= Maßnahme) richtig. Oder um es mit Mark Twain zu sagen: »*Als wir das Ziel aus den Augen verloren hatten, verdoppelten wir unsere Anstrengungen*«.

Der Bedarf beispielsweise im Vertrieb an Qualifizierungsmaßnahmen in Form von Langzeitlehrgängen läßt sich am besten dadurch bestimmen, daß zunächst die Qualifikationsstruktur einer typischen Filiale ermittelt wird (= Soll). Alle Filialen zusammen ergeben das Qualifikations-Soll. Anschließend werden dem die tatsächlich vorhandenen Qualifikationen gegenübergestellt. Bei einer sich daraus ergebenden Unterdeckung sind entsprechende Qualifizierungsmaßnahmen einzuleiten, Überdeckungen sind durch gezielte Umbesetzungen innerhalb eines vorgegebenen Zeitrahmens sukzessive an die Soll-Struktur anzupassen. Überqualifizierte Mitarbeiter sind unökonomisch und üben einen negativen Einfluß auf die Arbeitsqualität und die Arbeitszufriedenheit aus.

Personalentwicklungsprogramme. Zur konsequenten Umsetzung der sich aus der Unternehmensstrategie ergebenden Qualifikationsmaßnahmen kommt eine Bank oder Sparkasse mittlerer Größe nicht mehr ohne individuelle, bankspezifische Personalentwicklungsprogramme aus. Die Erstellung solcher Entwicklungsprogramme soll sich an den geschäftspolitischen Prioritäten und am tatsächlichen Bedarf orientieren, insbesondere bedürfen folgende Bereiche einer systematischen Qualifikationsoffensive:

Berater im Privatkundengeschäft

Diese Zielgruppe befindet sich hinsichtlich ihrer Beratungs- und Servicequalität permanent im Schußfeld der »veröffentlichten Meinung« (Testkäufe) und von Verbraucherschützern.

Kreditsachbearbeiter

Die erschreckende Zunahme von Insolvenzen fordert von Kreditfachleuten weitgehendes betriebswirtschaftliches Fachwissen und Kompetenz zur Früherkennung von Kreditrisiken.

Fachspezialisten, z. B. DV-Organisatoren

Die Einführung computerunterstützter Systeme zur Beratung und Bearbeitung, die Einrichtung und Pflege von Netzwerken sowie die Weiterentwicklung der SB-Technik erfordert ein hohes Maß an technischer Intelligenz und Flexibilität.

Führungsnachwuchskräfte

Nur die *rechtzeitige* Identifizierung, Entwicklung und Qualifizierung potentieller Nachwuchskräfte sichert die Zukunft und hilft, die für alle Beteiligten so unglücklichen und folgenreichen »Notbesetzungen« im Führungsbereich zu vermeiden.

Nur über individuelle Personalentwicklungsprogramme ist ein produktiver Transfer von dem meist idealtypisch und generalistisch ausgeprägten Fachwissen, wie es an Hochschulen oder in Fachlehrgängen vermittelt wird, hin zur Praxis zu schaffen.

PE-Programme dienen dem Zweck,
- **Mitarbeiter in der richtigen Zahl, zum richtigen Zeitpunkt und in der erforderlichen Qualität bereitzustellen,**
- **nicht dem Zufall überlassene, sondern systematische Personalentwicklung zu betreiben,**
- **die Mitarbeiter über Aufgaben, Anforderungen und Maßnahmen zu informieren,**
- **zur Motivation der Mitarbeiter beizutragen,**
- **Personalmarketing nach außen und nach innen zu betreiben.**

Inhalte eines Personalentwicklungsprogrammes können sein:
- **Beschreibung der geschäftspolitischen Ziele.**
- **Festlegung der Grundsätze und »Spielregeln« der Personalentwicklung.**
- **Erarbeitung von Planungsgrundlagen und strategischer Aktionsfelder (Zielgruppen).**
- **Definition von Lernzielen und Lerninhalten.**
- **Festlegung der Teilnahmemodalitäten.**
- **Durchführung der einzelnen PE-Maßnahmen.**
- **Organisation und Betreuung aller internen und externen Maßnahmen.**

Der geeignete Zeitpunkt zur Einführung eines Personalentwicklungsprogrammes ist abhängig von den geschäftspolitischen Zielen und dem Personalbedarf in den jeweiligen Funktionsfeldern.

Beispiel: **Entwicklungsprogramm für Privatkundenberater[36]**

Rahmendaten

a) Entwicklungslinien im Privatkundengeschäft – Konsequenzen in der Personalentwicklung

Wichtig für die markt- und vertriebsbezogene Ausrichtung eines Hauses ist eine sehr spezifische Differenzierung von Kundenbedarf und Nachfrageverhalten.

Daraus abgeleitet müssen sich die Produktpolitik und die Vertriebswege noch stärker an den einzelnen Kundengruppen ausrichten. Dies erfordert einerseits eine konsequente Nutzung der technischen Möglichkeiten im Bereich der standardisierten Finanzdienstleistungen (Homebanking, Selbstbedienung). Andererseits ist im Bereich der beratungsintensiven Finanzdienstleistungen eine **aktive Kundenbetreuung** notwendig.

Als Konsequenz aus der geforderten Kunden- und Verkaufsorientierung (aktive Kundenansprache, intensive Kundenbetreuung) ergeben sich **veränderte Anforderungen an einen Privatkundenberater** und – damit verbunden – die Notwendigkeit eines Umdenkungs- und Umorientierungsprozesses, der durch **entsprechende Entwicklungsmaßnahmen** begleitet werden muß.

Da eine frühe Einbindung und Vorbereitung der Mitarbeiter hinsichtlich der veränderten Anforderungen wichtig ist, wurde neben dem bestehenden Finanzberaterprogramm ein **Entwicklungsprogramm** für Mitarbeiter **zur Vorbereitung auf die qualifizierte Betreuung** konzipiert.

b) Anforderungen an einen Privatkundenberater:

Fachliches Wissen und Können
- Produkte des Passiv- und Dienstleistungsbereichs
- Allzweckkredit

[36] Mit freundlicher Genehmigung der Kreissparkasse Esslingen-Nürtingen

- Produktbündel (Versicherungen, Bausparen)
- einfache Wertpapierprodukte (Fonds, IHS)
- Homebanking

Beratungskompetenz
- Vorbereitung und Durchführung systematischer Verkaufsgespräche
- Telefonberatung
- aktive Kundenansprache
- Arbeiten mit einer Kundendatei

Persönliche Eigenschaften und Fähigkeiten
- sicheres und freundliches Auftreten
- zeitgemäße Umgangsformen
- gute Zusammenarbeit im Team
- verkaufsorientierte Grundeinstellung
- Engagement und Initiative im Team
- Serviceorientierung

c) Konzeption des Entwicklungsprogramms zum Privatkundenberater:

Ausgangspunkt:
Für Mitarbeiter im Privatkundengeschäft ist über ein internes Programm zum Privatkundenberater, welches sich an den oben genannten Entwicklungslinien im Privatkundengeschäft orientiert, eine gezielte Qualifikation erforderlich.

Zielsetzung:
Grobziel: Mitarbeiter werden auf die Tätigkeit als qualifizierte Privatkundenberater vorbereitet.
Feinziele: Die Privatkundenberater/innen
- beraten und verkaufen die Produkte des Passiv- und Dienstleistungsbereiches und des Bauspar- und Versicherungsgeschäfts sowie die für die Beratungskunden relevanten Sparkassenfonds und Inhaberschuldverschreibungen. Sie verfügen darüber hinaus über gute fachliche Kenntnisse im Bereich des Dispositionskredits und des Allzweckkredits,
- bereiten Beratungsgespräche systematisch vor und führen diese abschlußorientiert durch,
- erkennen und verwerten Beratungssignale, gehen aktiv auf ihre Zielgruppe zu (Akquisition von Berufstartern) und betreuen diese intensiv unter Zuhilfenahme einer Kundendatei,
- zeigen ein sicheres und freundliches Auftreten und zeitgemäße Umgangsformen im Kundenverkehr.

Zielgruppe:
Mitarbeiter, die
- vor 1½ bis 2 Jahren ihre Ausbildung zur Bankkauffrau/zum Bankkaufmann bzw. Finanzassistenten beendet haben und die
- ihre (mittelfristige) Perspektive im Privatkundengeschäft sehen.
Die Führungskräfte werden bei der Auswahl der geeigneten Mitarbeiter von der Abteilung Personalentwicklung unterstützt (Dreiergespräch: Führungskraft – Mitarbeiter – Berater PE).

Eine Anmeldung zum Programm soll dann erfolgen, wenn
- die betrieblichen Leistungen der Mitarbeiterin/des Mitarbeiters den Anforderungen am derzeitigen Arbeitsplatz entsprechen *und*
- das Entwicklungsprogramm für die derzeitige oder zukünftige Tätigkeit erforderlich ist. Dabei ist die Weiterbildung zum Privatkundenberater für solche Mitarbeiter vorgesehen, die ein entsprechendes Potential besitzen.

Inhalte des Programms:
- Trainings:
  - hausspezifische Fachseminare: insgesamt 4 Tage
  - Verkaufstrainings: insgesamt 7,5 Tage
- Außerhalb der Arbeitszeit:
  - Abendveranstaltungen (Homebanking/interdisziplinäre Information)
  - Samstagsveranstaltungen (Kommunikation/Präsentation/Sozialkompetenz)
  - Fernstudium: Fachliche Inhalte (obligatorischer Baustein)
- Unterstützung bei der Praxisumsetzung durch den entsendenden Filialleiter. Innerhalb eines Workshops zu Beginn des Programms erarbeiten die Filialleiter und Mitarbeiter gemeinsam – in Form einer Checkliste –, wie die Praxisumsetzung nach den Fach- bzw. Verkaufstrainings vor Ort unterstützt werden kann.
- Prüfung/Zertifizierung:
  - Fachlich: Erfolgskontrolle: Inhalte des Fernstudiums werden in Klausuren abgeprüft, es müssen im Durchschnitt der 3 Klausuren mindestens 50 Punkte erzielt werden.
  - Verkäuferisch: Beratungsabnahme mit Stärken-/Schwächenprofil des Beraters.

Nutzen:
- Den sich als Konsequenz aus der markt- und vertriebsbezogenen Ausrichtung ergebenden, veränderten Anforderungen an einen Kundenberater (aktive Kundenansprache, Serviceorientierung, intensive Kundenbetreuung etc.) wird durch die Schwerpunktlegung auf einen verkäuferischen Aspekt innerhalb des Entwicklungsprogramms (7,5 von 11,5 Seminartagen) Rechnung getragen.
- Es ist über das Entwicklungsprogramm zum Privatkundenberater insgesamt eine gezielte, hausspezifische Vorbereitung auf die Tätigkeit im qualifizierten Privatkundengeschäft möglich.

Abbildung 14

Einführungs- veranstaltung	Erläuterung des Programms
Verkäuferische Auftaktveranstaltung	*gemeinsam mit dem Filialleiter:* Unterstützung in der Praxis – training on the job
Seminar	Die Versorgung des Arbeitnehmers über die gesetzliche Sozialversicherung – private Ergänzungsmöglichkeiten.
Workshop	Bausparverträge verkaufen – Neu- und Folgegeschäfte
Seminar	Jugendmarktkonzeption, anschließendes Verkaufstraining: Produkte für Berufsstarter
Erfahrungsbericht/ Austausch	*gemeinsam mit dem Filialleiter:* Zur Zusammenarbeit in der Praxis
Seminar	Sparkassenfonds
Seminar	Kreditwürdigkeit
Verkaufstraining	Aktiv beraten und verkaufen III
Seminar	Versicherungsberatung
Verkaufstraining	Produkte für junge Leute im Beruf

Abbildung 15   Entwicklungsprogramm zum Privatkundenberater (die Bausteine im Überblick)

Bisher geplante Abendveranstaltungen/Samstagsveranstaltungen (weitere Veranstaltungen werden mit der Gruppe abgesprochen):
- **Grundlagen der Kommunikation**
- **Herausforderungen im Privatkundengeschäft**
- **Homebanking**
- **Präsentationen**

Fernstudium:
Über den genauen Ablauf des Fernstudiums werden die Teilnehmer in der Auftaktveranstaltung informiert. Die Absolvierung des Fernstudiums ist obligatorisch.

Weitere Bestandteile:
- Information und Checkliste für Führungskräfte vor Anmeldung einer Mitarbeiterin/eines Mitarbeiters zum Entwicklungsprogramm.
- Information der Mitarbeiter durch die Führungskräfte (individuell) und durch Publikationen der Abt. Personalentwicklung (generell).

Studienabschnitt:	Inhalte:
Geschäftspolitik	Einflußfaktoren auf die Geschäftspolitik, Handlungsfelder der Geschäftspolitik (Unternehmen, Wettbewerb, Kunde, Mitarbeiter)
Steuern	Einkommensteuer, Vermögenssteuer, Erbschafts- und Schenkungssteuer
Allfinanz-Angebote	Finanzgruppe, Immobilien-Service, Bausparen und LBS, Lebensversicherung und Sachversicherung
Kontoeröffnung und Kundenbetreuung zu Beginn der Geschäftsverbindung	Bedeutung des Girokontos, Girokonto und bargeldloser Zahlungsverkehr, Umzugsservice, Start-Set
Intensivierung der Geschäftsbeziehung zum Kunden	Notwendigkeit und Anlässe für Intensivierungsmaßnahmen, Sparen, Festgeld, Dispositionskredit, Reisezahlungsmittel, Eurocard
Geld- und Kapitalanlage	Sparkasseneigene Papiere, Sparkassen-Investmentfonds, Festverzinsliche Wertpapiere, Aktien
Finanzierung	Konsumentenkredit, Kreditprüfung, AZK, Revolvingkredit, Sparkassen-Leasing, Wohnbaufinanzierung

Abbildung 16 Bausteine

3.3 Die Mitarbeiterbeurteilung

Von der vergangenheitsbezogenen Beurteilung zum zukunftsorientierten Mitarbeitergespräch.

Zu Beginn der siebziger Jahre wurden im Rahmen der Popularisierung des Begriffs der »wissenschaftlichen Betriebsführung« in zahlreichen Unternehmen Systeme zur Leistungsbeurteilung in der Erwartung eingeführt, dadurch eine möglichst objektive Grundlage für Personalentscheidungen zu erhalten. Aufgrund nachvollziehbarer Kriterien erstellte Beurteilungen sollten nicht nur die unanfechtbare Grundlage für Gehaltsentscheidungen, Versetzungen, Beförderungen (aber auch für Kündigungen) bilden, sondern vor allem die Mitarbeiter durch Anerkennung und Kritik im Rahmen regelmäßiger Steuerungs- und Entwicklungsgespräche zu mehr Leistung am Arbeitsplatz motivieren. Man erhoffte sich damit einen Ausweg aus der »Falle der Subjektivität«, der (gelegentlich als verhängnisvoll empfundenen) Abhängigkeit der Unternehmensleitung vom Wahrnehmungs- und Urteilsvermögen einzelner Führungskräfte.

In der Praxis hat sich jedoch gezeigt, daß die Erwartung, auf diese Weise »alle Fliegen mit einer Klappe zu schlagen«, nämlich einerseits die Interessen des Hauses, andererseits aber auch diejenigen der Mitarbeiter zu verfolgen, mit *diesem* Instrument nicht zu erfüllen war. So sind auch die meisten Personalleiter mit den bisher erzielten Ergebnissen wenig zufrieden. Als Hauptprobleme in der Praxis werden genannt:

● Mangelnde Identifikation der Führungskräfte mit dem Beurteilungssystem.
(»Die Personalabteilung verlangt, daß Sie mal wieder beurteilt werden, bringen wir's also hinter uns«.)

● Ständige Schwierigkeiten, die Einhaltung vorgegebener Termine sicherzustellen.
(»Ich habe im Moment weiß Gott wichtigeres zu tun.«)

● Tendenz, viel zu positiv zu urteilen.
(Gute Beurteilungen gehen am schnellsten und verursachen keinen Ärger, außerdem setzen sie den Beurteiler bei seinem Mitarbeiter in ein günstiges Licht.)

● Zu subjektive Beurteilung
(»Er ist doch so ein netter Kerl.«)

Auf die Mitarbeiter wirken solche Verfahren eher frustrierend, da sie häufig nur als realitätsferne und bürokratische Alibiveranstaltung verstanden werden, aus denen für sie kein wirklicher Nutzen erkennbar ist.

Hierzu trägt beispielsweise auch bei, daß die meisten Beurteilungsverfahren stark eigenschaftsorientiert (und damit subjektiv) sind. In einer Notenskala von 1 bis 6 oder gar bis 8 hat der Vorgesetzte festzulegen, wie er z.B. den Fleiß eines Mitarbeiters beurteilt. Man kann sich lebhaft vorstellen, in welche »Beweisnot« ein Vorgesetzter in der Bewertung verschiedener Eigenschaften kommen kann. Die Konsequenz daraus ist, daß entweder wie auf einem orientalischen Markt um jeden einzelnen Skalenwert gefeilscht – oder eben einfach ein allen genehmer »guter Mittelwert« angesetzt wird.

Am Ende des Vordruckes sind dann womöglich gerade noch zwei oder drei Zentimeter Platz für Bemerkungen oder »empfohlene Maßnahmen zur Weiterentwicklung« – ein deutliches Indiz dafür, daß derartig schematisierte Verfahren praktisch keinen Raum für individuelle Gegebenheiten lassen und letztlich eben doch nur einen stromlinienförmigen und angepaßten »Standard-Mitarbeiter« darstellen. Der Mitarbeiter wird durch eine solche Vorgehensweise gegenüber seinem Vorgesetzten in die Position eines »Urteilsempfängers« gedrängt, der – genug Mut vorausgesetzt – bestenfalls in die »Revision« gehen kann.

Ganz abgesehen davon kommt Beurteilungen im Rahmen von arbeitsrechtlichen Auseinandersetzungen immer auch Beweischarakter zu, und so mancher Arbeitgeber, der schließlich einem Mitarbeiter wegen Unfähigkeit gekündigt hatte, mußte sich vom Arbeitsrichter süffisant vorhalten lassen, daß – folgte man den vorliegenden Beurteilungen – dieser Mitarbeiter offensichtlich zu den unverzichtbaren Leistungsträgern des Hauses zählte.

Daß eine Leistungsrückmeldung wichtig und notwendig ist, soll hier nicht angezweifelt werden. Im Gegenteil: Alle Mitarbeiter und insbesondere solche, die noch am Anfang ihrer beruflichen Karriere stehen, benötigen (und wollen das auch) für ihre Weiterentwicklung ein Feedback darüber, ob sie nach Einschätzung ihrer Führungskräfte »auf dem richtigen Weg« sind. (Bei im Rahmen von Arbeitsumfeldanalysen durchgeführten Mitarbeiterbefragungen ist der mit Abstand am häufigsten genannte Kritikpunkt »das Fehlen von Anerkennung und sachlicher Bewertung erbrachter Leistungen.«) Die Äußerung einer Führungskraft: *»Wenn ich nichts sage, bin ich zufrieden. Und wenn ich nicht zufrieden bin, dann sage ich's so, daß es jeder merkt!«* ist in diesem Zusammenhang erhellend. Noch schlimmer allerdings, – nämlich geradezu peinlich – ist es, wenn ein Vorgesetzter (meist nach Besuch eines einschlägigen Führungsseminars) plötzlich anfängt, jeden korrekt bearbeiteten Vorgang, den er zu Gesicht bekommt, mit lobenden Bemerkungen zu garnieren.

In der Tat haben viele Führungskräfte ganz erhebliche Probleme, mit ihren Mitarbeitern offen, sachlich und ohne »falschen Zungenschlag« sowohl positive als auch negative Aspekte ihrer Arbeit zu diskutieren. Sie fürchten die Konfrontation und deren mögliche Konsequenzen, – und sie fürchten vielleicht auch, dabei zu viel von sich selbst preiszugeben und womöglich vom Sockel des allwissenden Übervaters heruntergestoßen zu werden.

Daran führt letztlich jedoch kein Weg vorbei, denn Teamorientierung bedeutet eine Form der Partnerschaft, in der die Führungskraft zwar eine herausgehobene Verantwortung besitzt, diese aber nur durch *gemeinsames, zielgerichtetes Handeln* mit jedem einzelnen Mitglied ihres Teams erfolgreich wahrnehmen kann.

Die in der Praxis am häufigsten anzutreffenden »analytischen« Verfahren zur Beurteilung der Leistung sind stark ergebniszentriert. Das bedeutet, ihr Schwerpunkt liegt auf der Beurteilung – *man könnte auch sagen, dem Verkünden eines Urteils* – in Form von eindeutigen Skalenwerten. Dieser Absolutheitsanspruch kollidiert aber mit der Erkenntnis, daß nicht nur die Bewertung menschlicher Eigenschaften, sondern auch die Erfüllung sachlicher Anforderungen jeweils in ihrem Kontext mit der individuellen Gruppensituation, dem vorhandenen Arbeitsumfeld und nicht vorhersehbaren Außeneinflüssen, um nur einige Beispiele zu nennen, gesehen werden müssen.

Nicht umsonst beklagen sich immer wieder Mitarbeiter, die ihrer Ansicht nach nicht korrekt (also nicht hervorragend) beurteilt wurden, darüber, daß ihre **besondere** *Situation keine ausreichende Berücksichtigung fand.*

Dies einfach als Retourkutsche abzutun, wäre in vielen Fällen zu simpel, denn in der Tat sollten nicht vordergründig statische Elemente, sondern der gesamte, auf die jeweilige Person bezogene Entwicklungsprozeß im Zentrum der Beobachtung stehen. Wir brauchen daher eine Akzentverschiebung in Richtung eines echten Informationsaustauschs zwischen Führungskraft und Mitarbeiter in Form des nachfolgend beschriebenen »Mitarbeitergesprächs«, das zwar in Struktur und Ablauf nach einheitlichen Grundsätzen zu führen ist, dennoch aber genügend Raum für individuelle Ausprägungen läßt. Die Zielsetzung dieses Gespräches ist für beide Partner transparent zu machen, sein Ergebnis wird in einer für das Gesamthaus verbindlich vorgegebenen Form dokumentiert.

Die erfolgreiche Einführung eines Systems der Mitarbeiterbeurteilung fordert eine Reihe sachlicher Voraussetzungen, hierzu einige Aspekte:

Personalentwicklung ist Chefsache. Personalentwicklung kann nicht Aufgabe anonymer zentraler Stabsabteilungen sein, sondern ist als integraler Bestandteil des gesamten Führungsspektrums *elementare Führungsaufgabe!* In der Vergangenheit war die Funktion der Personalentwicklung, meist von der Personalverwaltung nebenbei wahrgenommen, weitestgehend auf die Planung, Durchführung und Abrechnung von Aus- und Weiterbildungsmaßnahmen reduziert. Wenn Führungskräfte und Mitarbeiter einmal an einer Fortbildungsveranstaltung teilnehmen wollten, waren sie oft genug in die Rolle von Bittstellern gedrängt, denn es galt schon als eine Art Auszeichnung, ein paar Tage »schwänzen« zu dürfen, um auf ein Seminar zu gehen. Und naturgemäß wurde dann auch ein solcher Seminarbesuch von den Teilnehmern eher als Zeichen obrigkeitlichen Wohlwollens, denn als notwendiger Teil ihrer beruflichen Entwicklung gesehen.

Mit der Einführung dezentraler Strukturen und Profit-Center gliedern viele Banken und Sparkassen die Verantwortung für Weiterbildungsmaßnahmen der Mitarbeiter aus den Stäben aus und delegierten sie (meist im Rahmen eines festgelegten Budgets) auf die verantwortlichen Führungskräfte. Das erscheint nur logisch, setzt allerdings zwingend voraus, daß diese Führungskräfte nicht nur entsprechendes Fachwissen besitzen, sondern auch über das dafür notwendige sachliche Instrumentarium verfügen können.

Daraus folgt, daß Aufgaben, Kompetenzen und Verantwortung für die Förderung und Entwicklung der zugeordneten Mitarbeiter in den Anforderungsprofilen sowie in den Stellenbeschreibungen der Führungskräfte zu verankern sind. Desweiteren sind die Führungskräfte auch mit der praktischen Handhabung einschlägiger Instrumente vertraut zu machen. Führungskräfte, die selbst schon als Dozenten oder Trainer Erfahrung sammeln konnten, stehen dieser Aufgabe erfahrungsgemäß aufgeschlossener gegenüber und haben deshalb mehr Erfolg bei der Umsetzung als ihre Kollegen. Junge Führungskräfte sollten daher von seiten des Unternehmens dazu ermutigt und angehalten werden, Referentenaufgaben – auch außerhalb des Betriebes – wahrzunehmen. Außerdem sind alle Führungskräfte möglichst frühzeitig in die Erarbeitung von Personalentwicklungskonzeptionen einzubinden. Nur so kann eine möglichst breite Akzeptanz einzelner Instrumente erreicht werden.

Der Personalentwicklung als organisatorischer Einheit bleibt hierbei die Aufgabe, die Führungskräfte zu beraten und zu unterstützen, indem sie ihnen geeignete Instrumente und Techniken zur Verfügung stellt.

Verankerung der Verantwortung in den Führungsleitlinien.
Die Führungsleitlinien sind in der Regel aus den Unternehmensgrundsätzen bzw. der Unternehmenspolitik sowie der Personalpolitik abgeleitet. Sie geben dem Unternehmen, den Führungskräften und den Mitarbeitern eine langfristige Orientierung. Sie legen fest, nach welchen Grundsätzen Führungsverantwortung im Unternehmen wahrgenommen werden soll und sind damit Ausgangspunkt und wesentliche Grundlage für die Konzeption einzelner Instrumente der Personalentwicklung wie z. B. eines Beurteilungsverfahrens.

Sie sollten möglichst konkret beschreiben,
– *warum* Mitarbeitergespräche geführt werden
– *welche* Ziele mit ihnen verfolgt werden,
– *wie* sie durchgeführt werden sollen und welche Hilfsmittel (z. B. Vordrucke) dafür zur Verfügung stehen,
– *wann* sie stattfinden,
– *wer* für ihre Durchführung verantwortlich ist,
– *was* anschließend mit dem Protokoll geschieht.

Ein wichtiger Gesichtspunkt hierbei ist die umfassende Information der Mitarbeiter über den logischen Zusammenhang zwischen Führungsleitlinien, der Personalpolitik und den daraus für sie abzuleitenden Konsequenzen.
Leider muß man nämlich immer wieder feststellen, daß Führungsleitlinien, feierlich verabschiedet und in aufwendigen Broschüren verewigt, nach Ende der Euphoriephase keinen wirklichen Eingang in das Tagesgeschäft finden: Der Vorstand glaubt sich seiner Pflichten entledigt zu haben und wendet sich neuen Aufgaben zu, die Führungskräfte haben Schwierigkeiten, eine Verbindung zwischen den großen Worten und dem »rauhen« Alltag herzustellen, und die Mitarbeiter schließlich wissen eh nichts Genaueres und sind der Meinung, daß das Ganze (wie schon der Name sagt) sowieso nur die Führungskräfte betrifft.
Die Entwicklung einer Führungs*kultur* setzt voraus, daß *alle* Mitarbeiter die Führungsleitlinien als Grundlage ihrer persönliche Arbeit akzeptieren und sie auch zur Basis ihres täglichen

Umgangs miteinander machen. Nur so findet auch der einzelne Mitarbeiter Orientierung und weiß, wo für sein Haus *»der Weg langgehen soll.«*

Teil-Unternehmerschaft der Organisationseinheiten. Bereits im ersten Teil dieses Buches wurde schon ausführlich auf das Delegationsprinzip als wesentliche Grundlage für Motivation und Arbeitszufriedenheit der Mitarbeiter eingegangen. Die Führungskraft und ihr Team sollen sich nicht nur als Teilunternehmer fühlen, sondern auch in diesem Sinne agieren können.

Es gibt ja inzwischen kaum noch ein Stellenangebot und eine Stellenbeschreibung, in denen nicht geradezu gebetsmühlenhaft das berühmte »unternehmerische Denken« gefordert bzw. als selbstverständlich vorausgesetzt wird. Nur – unternehmerisches Denken setzt auch die Möglichkeit zu unternehmerischem Handeln voraus. Wenn diese Möglichkeit nicht durch die Übertragung von Aufgaben, Kompetenzen und Verantwortung in hinreichendem Maße geschaffen wird, ist alles andere Gerede von der Teil-Unternehmerschaft nichts als heiße Luft!

Wenn die Organisationseinheiten für Volumina, Erträge und Kosten Verantwortung tragen, dann sollten sie auch die dazugehörenden Personalentscheidungsbefugnisse übertragen bekommen. Das bedeutet beispielsweise die Zuständigkeit für:
- **die Mitwirkung bei der Auswahl der Mitarbeiter einschließlich Auszubildender,**
- **die (Mit-)Entscheidung über Vergütung, Leistungsprämien und andere materielle Anreize,**
- **die Kompetenz für individuelle Arbeitszeitregelungen und**
- **die Zuständigkeit für alle Personalentwicklungsmaßnahmen.**

Die Geschäftsleitung geht mit gutem Beispiel voran. In so manchem Unternehmen werden Personalentwicklungskonzepte eingeführt, deren Notwendigkeit und konsequente Umsetzung zwar die Geschäftsleitung lebhaft propagiert, nur – in ihrer eigenen unmittelbaren Umgebung wird das dann plötzlich nicht mehr so »eng« gesehen, weil man der Meinung ist, hierfür bestehe keine akute Notwendigkeit. Die Folgen sind fatal: Wenn Führungskräfte auf die Frage, warum sie bis heute noch kein Mitarbeitergespräch geführt haben, antworten können, mit ihnen seien schließlich auch noch keine derartigen Gespräche geführt worden, ist das ganze System *ad absurdum* geführt. Die Vorbildfunktion und Multiplikatorenwirkung der Unternehmensleitung ist – im Positiven wie im Negativen – die entscheidende Erfolgsgröße bei der Einführung derartig sensibler Instrumente. Mitarbeiter aller Ebenen haben ein sehr feines Gespür für falsche Töne. Und wenn sie den Eindruck gewinnen, in Beurteilungssystemen nur ein neues Instrument zur Disziplinierung und Manipulation der »unteren Stockwerke« zur Erhöhung ihrer »Rotationsgeschwindigkeit« sehen zu müssen, werden sie nicht bereit sein, sich damit offen und vorurteilsfrei auseinanderzusetzen.

Konsequenzen aus den Mitarbeitergesprächen. Es macht natürlich wenig Sinn, mit großem Aufwand Mitarbeitergespräche einzuführen, wenn bei erkannten Schwachstellen anschließend keine Entwicklungsmaßnahmen eingeleitet oder sichtbar vorhandene Potentiale nicht gefördert werden. Aber auch umgekehrt gilt, daß eingeleitete Personalentwicklungsmaßnahmen in einem erkennbaren Zusammenhang mit dem geführten Mitarbeitergespräch stehen sollten.

Es ist daher Aufgabe eines wirkungsvollen Personalentwicklungs-Controllings, bei der Implementierung von PE-Maßnahmen eine deutlich erkennbare Verbindung zu den Mitarbeitergesprächen herzustellen. Dies kann z. B. dadurch erfolgen, daß für bestimmte, umfangreichere Aus- und Fortbildungsmaßnahmen zur Anmeldung ein Gesprächsprotokoll desjenigen Gespräches beigefügt wird, das diese Maßnahme ausgelöst hat. Die Personalentwicklungsabteilung hat dann die Aufgabe, die Erfolgswahrscheinlichkeit der vorgesehenen Maßnahme zu prüfen und ggf. dazu Alternativen zu entwickeln und anzubieten.

Verzahnung der Instrumente der Personalentwicklung. Eine Mitarbeiterbeurteilung setzt voraus, daß der Mitarbeiter im Detail die Anforderungen kennt, die er an seinem Arbeitsplatz zu erfüllen hat und über deren Erfüllung die Beurteilung Aufschluß geben soll. Für eine erfolgversprechende Anwendung von Beurteilungssystemen ist daher die Erstellung von Anforderungsprofilen und Stellenbeschreibungen eine zwingende Voraussetzung. Über ihren Inhalt ist zu Beginn des Beurteilungszeitraumes mit dem Mitarbeiter im Rahmen eines Orientierungsgespräches Konsens herzustellen (s. Abb. 17).

Stellen-bewertung	Stellen-beschreibung	Anforderungs-profil	Mitarbeiter-Beurteilung	Personalentwick-lungsmaß-nahmen wie z. B.
• Kriterien nach Tarif-vertrag	• Stellenbild • Stellenziel und Voll-machten • Aufgaben	• Vorbildung • Fachwissen • Berufs-erfahrung • geistige Anforderun-gen • Arbeits-verhalten • Sozial-verhalten • Führungs-verhalten • besondere Arbeits-bedingungen	• Fachliches Können • Arbeits-ergebnisse • Arbeits-verhalten • Sozial-verhalten • Führungs-verhalten	• Selbst-studium • Lern-programm • Seminar • Lehrgang • Aufgaben-erweiterung • Kompetenz-erhöhung • Vertretungs-übernahme • Qualitätszirkel • Job-Rotation • Training am Arbeitsplatz • Förderkreis • Dozenten-tätigkeit

Abbildung 17   Verzahnung von Instrumenten der Personalentwicklung

3.3.1 Methodik und Ablauf des Mitarbeitergespräches

Ein Mitarbeitergespräch sollte mindestens einmal im Kalender-jahr geführt werden. Die Gesprächsergebnisse sind in einem Pro-tokoll festzuhalten, das von beiden Gesprächsteilnehmern unter-schrieben wird und von dem der Mitarbeiter eine Ausfertigung erhält. (Ob eine Ausfertigung davon in die Personalakte kommt, hängt von den jeweiligen Vereinbarungen mit den Personalver-tretungsorganen ab.) Das Original verbleibt bei der zuständigen Führungskraft, der Mitarbeiter erhält eine Kopie. Vorstellbar ist auch, daß die nächsthöhere Führungskraft das Gesprächsproto-koll zur Einsicht erhält. Der Gesprächsablauf läßt sich in 5 Stufen darstellen:

Gesprächsvorbereitung. Vor einem anstehenden Mitarbeitergespräch muß sich die Führungskraft sehr genau überlegen, welche Ziele sie im Rahmen dieses Gespräches erreichen will. Eine gute Vorbereitung in Form eines Gesprächsleitfadens (Abb. 19) spart Zeit und hilft, zu fundierten Ergebnissen zu kommen.

Nr	Stufe	Inhalt
1	Einleitung	Die Führungskraft stellt Zweck, Ziel, Inhalt, Ablauf und voraussichtliche Dauer des Gespräches dar.
2	Besprechung der Zielerreichung	Die Gesprächspartner erläutern und klären, welche Ziele erreicht wurden, und welche leistungshemmenden bzw. leistungsfördernden Faktoren auftraten.
3	Besprechung der Aufgabenerfüllung	Die Führungskraft erläutert dem Mitarbeiter, wie sie die Aufgabenerfüllung einschätzt und bespricht mit ihm Stärken und Schwächen sowie Möglichkeiten der Verbesserung.
4	Besprechung der Weiterentwicklung	Die Führungskraft geht auf die Erwartungen des Mitarbeiters ein, teilt ihm ihre Sicht mit und regt Entwicklungsmöglichkeiten an.
5	Vereinbarung von Maßnahmen	Ergeben sich aus dem Gespräch Maßnahmen, so sind diese zu vereinbaren und zu dokumentieren.

Abbildung 18   Ablauf eines Mitarbeitergespräches

Im Laufe des Gespräches soll aber auch dem Mitarbeiter ausreichend Gelegenheit geboten werden, sich mit seinem Aufgabengebiet und seiner Leistung auseinanderzusetzen. Rechtzeitige Terminvereinbarung und ein hierbei dem Mitarbeiter übergebener Fragenkatalog (in Form einer Checkliste) fördern die gegenseitige Kommunikation und bieten dem Mitarbeiter die Möglichkeit, sich zielgerichtet und in Ruhe auf das Gespräch vorzubereiten. Fragen aus einem solchen Katalog können z. B. sein:

Zum Arbeitsergebnis: ● Sind Sie mit Ihrer geleisteten Arbeit zufrieden? Welche Erfolge haben Sie erzielt? Welche Mißerfolge mußten Sie hinnehmen?

● Welche besonderen Schwierigkeiten sind aufgetreten?

- Was ist am Arbeitsablauf zu verbessern?
- Können Sie selbständig arbeiten?
- Konnten Sie Ihre Fähigkeiten voll einsetzen?
- Waren die Ziele hinreichend bekannt?
- Sind Sie mit Ihren Aufgaben und Ihrem Arbeitsplatz zufrieden?

Zur Zusammenarbeit:
- Fühlen Sie sich ausreichend informiert?
- Wird offen über Ihre Arbeitsergebnisse gesprochen?
- Gibt es Schwierigkeiten in der Zusammenarbeit, und wie wären diese Ihrer Meinung nach zu überwinden?
- Haben Sie Vorschläge, wie die Zusammenarbeit weiter gefördert werden könnte?

Rückmeldung der Leistung. Als eigentlicher Einstieg dient zunächst die rückwärts gerichtete Leistungsbewertung, um aus deren Analyse Veränderungen für die Zukunft abzuleiten. Im Sinne eines Führens durch Zielvereinbarung soll das Mitarbeitergespräch also vor allem dazu dienen, festzustellen,

1. ob und in welcher Qualität die Zielvereinbarung des vorangegangen Zeitraumes realisiert wurde,
2. welche Außeneinflüsse die Zielerreichung gefördert haben,
3. welche Störgrößen sie behindert haben und
4. welche ggf. daraus resultierenden neuen Ziele für den kommenden Zeitraum zu vereinbaren sind.

Doch neben diesen »harten« Faktoren müssen auch die »weichen« Gesichtspunkte berücksichtigt werden. Fragen des Arbeitsumfeldes, der Gruppensituation und der Arbeitszufriedenheit sollten genauso erörtert werden wie die Vorstellungen sowohl des Mitarbeiters als auch der Führungskraft über weitere fachliche und persönliche Entwicklungsziele.

Jede Beurteilung, und sei sie noch so objektiv, kommt durch den Filter der eigenen Ansichten und Wertvorstellungen des Be-

Gesprächsvorbereitung

zum Beispiel:

❑ **Termin vereinbaren**

❑ **Mitarbeiter über Ziel und Inhalt informieren und um Vorbereitung bitten**

❑ **Welches Ziel will ich erreichen?**

❑ **Welche Informationen benötige ich?**

⇨ vor dem Gespräch, von wem?
⇨ im Gespräch vom Mitarbeiter?

❑ **Wo wird das Gespräch geführt?**

❑ **Sind alle Vorbereitungen für einen störungsfreien Verlauf getroffen?**

Gesprächsdurchführung

zum Beispiel durch Vorbereitung und Einhaltung der folgenden fünf Gesprächsphasen:

❑ **Gespräch eröffnen**

⇨ für das leibliche Wohl sorgen
⇨ Zeitrahmen vereinbaren
⇨ Inhalt und Ziele "auf den Tisch legen"

❑ **Gegenseitige Orientierung**

⇨ Ergebnisse und Aktionsplan des letzten Gespräches in Erinnerung rufen
⇨ Mitarbeiter fragen, wie er den Arbeitsfortschritt bewertet
⇨ Ziele und Erwartungen des Mitarbeiters an das Gespräch erkunden

❑ **Gemeinsame Analyse**

⇨ Mitarbeiter fragen, ob Schwierigkeiten aufgetreten sind oder Hilfen benötigt werden
⇨ Probleme der Arbeitsdurchführung aus Vorgesetztensicht oder kritische Beobachtungen offen ansprechen

⇨ Positive Beobachtungen des Mitarbeiter-Leistungsverhaltens anerkennen
⇨ Stellungnahme des Mitarbeiters erfragen

❑ **Gemeinsame Maßnahmen / Lösungen**

⇨ Mitarbeiter um Vorschläge bitten
⇨ eigenes Know how oder Hilfen anbieten
⇨ Gemeinsamen Vorgehensplan verabschieden

❑ **Gespräch abschließen**

⇨ Maßnahmenplan protokollieren
⇨ Zeitrahmen für nächstes Gespräch abstecken

Bei der Vorbereitung des Gespräches sollte sich der Vorgesetzte für jede Phase überlegen, welches Ziel er jeweils erreichen will, und welche Gesprächsinhalte dafür geeignet sind.

Gesprächsauswertung

zum Beispiel:

❑ **Sind die beiderseitigen Gesprächsziele erreicht worden?**

⇨ wenn nein, wo liegen die Gründe?

❑ **Habe ich von dem, was ich mir vorgenommen habe, etwas unterlassen oder vergessen?**

⇨ Wenn ja, wo liegen die Gründe?

❑ **Was nehme ich mir für das nächste Gespräch vor?**

❑ **Welche Punkte aus dem Aktionsplan muß ich erledigen?**

Abbildung 19   Checkliste zur Organisation von Mitarbeitergesprächen

120

urteilenden zustande. Wenn wir beispielsweise jemandem ein freundliches Wesen bestätigen, so deshalb, weil sein Verhalten *unserer* Vorstellung von Freundlichkeit entspricht. Andere Personen können – geprägt durch andere Erfahrungen und Wertmaßstäbe – darüber ein völlig andere Auffassung haben. Die entscheidende Frage lautet daher: Was muß ein Mitarbeiter tun oder lassen, damit sein Verhalten einem für das betreffende Unternehmen ausreichend genau beschriebenen Begriff der »Freundlichkeit« entspricht? Das bedeutet, wir können nur dann beurteilen, ob ein Mitarbeiter gewisse Verhaltensweisen zeigt, wenn wir sie *vorher* mit ihm als Anforderung exakt beschreiben.

Die Teamfähigkeit eines Mitarbeiters wird weitgehend dadurch bestimmt, wie sein Arbeits- und Sozialverhalten mit den Zielen und Normen sowohl des Unternehmens als auch seiner Gruppe korrespondiert und inwieweit er sich mit diesen identifizieren kann. Nur wenn sie ihm in aller Deutlichkeit erläutert und bewußt gemacht werden, kann er sich daran orientieren und in der Folge die von ihm erwarteten Leistungen erbringen.

Basis für die Rückmeldung sind die anfangs der zu betrachtenden Periode vereinbarten Aufgaben und Arbeitsziele. Diese ergeben sich in der Regel aus der entsprechenden Stellenbeschreibung, ergänzt um quantitative und qualitative Jahresziele.

Eine Bemerkung zu Stellenbeschreibungen: In vielen Unternehmen finden sich Stellenbeschreibungen, die weder aktuell sind noch auch nur den Mindestanforderungen moderner Führung gerecht werden. Oft werden sie – nur um den Vorgaben externer Prüfungsorgane zu genügen – von irgend einer zentralen Stabsstelle erstellt und vergammeln schließlich mangels Rückkoppelung in der Ablage.

Stellenbeschreibungen sind teuer und verursachen permanente »Wartungskosten« in erheblichem Umfang. Denn sie bedürfen, sollen sie eine solide Grundlage für Beurteilungsgespräche bilden, ständiger Aktualisierung, basierend auf einem kontinuierlichen Dialog mit und zwischen Führungskraft und Mitarbeiter. Nicht die möglichst umfassende Aufzählung der zu erledigenden Aufgaben, sondern die qualitativen und quantitativen Ziele der Stelle sollten ihren Schwerpunkt bilden und möglichst präzise beschrieben werden. Im Bereich der Aufgaben sollten die wesentlichen Hauptfunktionen in ihrer prozentualen Gewichtung genannt werden, bei den eigentlichen Aufgabeninhalten genügt die Nennung der 6 bis 8 wesentlichen Hauptaufgaben. Aus Kostengründen sollten Stellenbeschreibungen nur für Führungskräfte zum Einsatz kommen. Für nachgeordnete Bereiche genügt ein Gruppen- bzw. abteilungsbezogener Aufgabenverteilungsplan (s. Abb. 20).

Teil 1 Stellenbild:	1.1 Stellenbezeichnung
	1.2 Stelleninhaber
	1.3 Rang der Stelle
	1.4 Stellenbezeichnung des/der Personal-vorgesetzten
	1.5 Stellenbezeichnung des/der Fachvorgesetzten
	1.6 Personelle Überstellung
	1.7 Fachliche Überstellung
	1.8 Aktive Stellvertretung
	1.9 Passive Stellvertretung
Teil 2 Stellenziel	2.1 Ziel der Stelle
und Vollmachten:	
	2.2 Hauptfunktionen mit prozentualer Zeitaufteilung
	2.3 Vollmachten
Teil 3 Aufgaben:	3.1 Gliederung der wesentlichen Aufgabeninhalte nach den unter 2.2 genannten Hauptfunktionen

Abbildung 20   Gliederungsprinzip einer Stellenbeschreibung[37]

Für jeden Arbeitsplatz ist darüber hinaus ein Anforderungsprofil festzulegen. Darin sind festzulegen:

berufsspezifische Bildungsabschlüsse	berufliche Erfahrungen und Kenntnisse	arbeitsplatzbezogene Anforderungen
– Berufsausbildung	– funktionsbezogene Erfahrungen	– fachliches Wissen
– Studium, Lehrgänge		– Arbeitsverhalten
– Seminare	– Praxiszeit	– Führungsverhalten
– sonstige Abschlüsse	– Führungserfahrung	

Zu den Kriterien, die grundsätzlich im Rahmen der arbeitsplatzbezogenen Anforderungen besprochen werden sollen, gehören:

[37] nach Berkel/Herzog/Schmid: Mitarbeiterbeurteilung als Führungsaufgabe, Wiesbaden 1987

122

fachliches Wissen und Können	Produktkenntnisse Arbeitsabläufe usw.
quantitative Leistungen	Projekte Verkaufszahlen usw.
qualitative Leistungen	Servicequalität Bearbeitungsqualität Verbesserungsvorschläge usw.
Auftreten und Verhalten	Kundenorientierung Zusammenarbeit mit Kollegen Teamorientierung und Sozialkompetenz *bei Führungskräften:* Motivation Konfliktbehandlung

Arbeits- und Entwicklungsziele. Dieser Teil des Mitarbeitergespräches hat den Zweck, aus der Diskussion der in der Stellenbeschreibung genannten Ziele und Aufgaben eine Übereinkunft
hinsichtlich
– konkreter Aufgabenstellung und erwarteter Leistungsergebnisse,
– Anforderungen im Verhaltensbereich,
– dafür notwendige Unterstützungs- und Entwicklungsmaßnahmen,
– die Art und Weise, wie die Ergebnisse festgestellt werden,
– die mittelfristigen Entwicklungsmöglichkeiten für den Mitarbeiter,

zu erzielen. Da dieser Teil Grundlage und Ausgangspunkt für das
nächste Mitarbeitergespräch ist, sei an dieser Stelle auf einige
Qualitätsaspekte hingewiesen:
– Sind die geforderten Aufgaben konkret genug und damit meß-
bar?
– Sind die Ziele realistisch?
– Sind neben rein quantitativen Zielen auch qualitative Ziele im
Sinne von *noch besser machen* vereinbart?
– Stehen die Erwartungen in einem ausgewogenen Verhältnis zu
der Bewertung der Stelle und geplanten Unterstützungsmaßnah-
men?

Insbesondere bei der letzten Frage kann man immer wieder beobachten, daß viel zu schnell auf das beliebte »Schmiermittel«
Seminar oder *Schulung* zurückgegriffen wird. An anderer Stelle
wird dieses Thema noch vertieft, doch vorweg sei gesagt, daß mit
dieser Lernform das gewünschte Ergebnis nicht unbedingt am
besten und wirtschaftlichsten erreicht wird.

Außerdem müssen die Anforderungen immer auch in einem
ausgewogenen Verhältnis zur finanziellen und hierarchischen
Einstufung einer Stelle stehen. Führungskräfte neigen bisweilen
dazu, selbst Mitarbeitern untergeordneter Stellen umfassendes
unternehmerisches Denken und die beständige Sorge um das
Wohlergehen des Hauses abzufordern. Das ist natürlich Unsinn.
Mitarbeiter sollen das tun, wofür sie bezahlt werden. Und das
sollen sie gerne und gut tun! Nicht mehr, aber auch nicht weniger.

Eine zusätzliche Gefahr für die Führungskraft liegt darin, daß
man aus dem Wunsch heraus, Konflikte zu vermeiden und eine
möglichst gute Gesprächsatmosphäre zu schaffen, dazu neigt,
möglichst nur positive Aspekte anzusprechen und negative Erkenntnisse weitgehend unter den Tisch fallen zu lassen. Dadurch
verfestigt sich beim Mitarbeiter womöglich der Eindruck, durchweg nur Überdurchschnittliches geleistet zu haben. Wenn dann
eine auf Lob und Anerkennung ausgerichtete Erwartungshaltung
enttäuscht wird, entstehen leicht Frust und Ablehnung.

Es empfiehlt sich daher vorzuschreiben, daß in jedem Mitarbeitergespräch mindestens drei Schwachpunkte oder Entwick-
lungsdefizite (mit entsprechenden Abhilfemaßnahmen) genannt
werden **müssen**. Dadurch ist die Führungskraft gezwungen, sich
auch mit den »Schattenseiten« eines Mitarbeiters auseinanderzusetzen.

Mitarbeiter, die an einem Gespräch in der dargestellten Form
teilgenommen haben, erleben dies als konstruktiv und fair und
fühlen sich in aller Regel korrekt behandelt. Allerdings gibt es
auch eine ganze Reihe von Möglichkeiten, durch Fehler in der
Gesprächsführung Mißerfolge zu erzielen. Nachstehend einige
Punkte, die (auf beiden Seiten) immer wieder Anlaß zu Frustra-
tionen geben:

Fehler der Führungskraft	stattdessen:
Abhalten von Monologen	den Mitarbeiter zum Reden ermutigen,
endlose Diskussion von Einzelheiten mit geringer Bedeutung	auf Schwerpunkte konzentrieren,
alte Mißerfolge und Fehler immer wieder ansprechen	weglassen und auf den Zukunftsaspekt abheben
ungenaue und allgemeingehaltene Rückmeldungen	präzise Beobachtungen und Beispiele
Ausübung von Macht	partnerschaftlich und sachlich diskutieren
um den Brei herum reden	Klarheit und Eindeutigkeit
nicht genügend Zeit für das Gespräch reservieren	Einhaltung der festgelegten Gesprächszeit, ggf. weiteren Termin vereinbaren.

Abbildung 21

3.3.2 Training der Führungskräfte

Beurteilungssysteme sollten immer für das gesamte Unternehmen und nicht nur für Teilbereiche eingeführt werden. Es ist unerläßlich, daß die Führungskräfte **vor** Einführung des Systems nicht nur umfassend informiert, sondern auch entsprechend trainiert werden. Hierfür empfehlen sich folgende Themenbereiche:

1. **Darstellung des einzuführenden Systems der Leistungsbeurteilung im Kontext mit den Unternehmensgrundsätzen und den strategischen Zielen der Personalentwicklung.**
2. **Erläuterung der Ziele und des Nutzens von Mitarbeitergesprächen für Mitarbeiter und Führungskräfte.**
3. **Vom Haus vorgegebener Ablauf der Mitarbeitergespräche.**
4. **Geprächsvorbereitung, Durchführung und Nachbereitung.**
5. **Beurteilungsfehler und Darstellung von Techniken und Methoden zu ihrer Vermeidung.**
6. **Fallbeispiele und Übungen zur Beurteilung und zur Gesprächsführung.**

Es ist auch sinnvoll, nach einer ersten Runde durchgeführter Mitarbeitergespräche die Führungskräfte zu einem Workshop einzuladen, in dem Erfahrungen ausgetauscht und Problembereiche

125

diskutiert werden können. Dieser Erfahrungsaustausch soll die positiven Erfahrungen verstärken und die Schwierigkeiten durch die Erarbeitung von gemeinsamen Lösungsstrategien überwinden helfen.

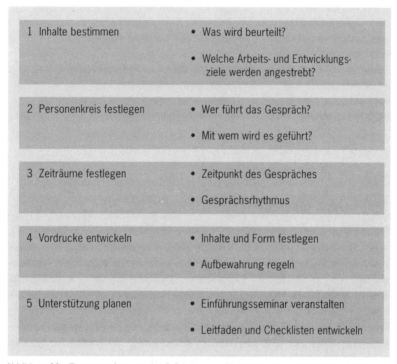

1 Inhalte bestimmen	• Was wird beurteilt?
	• Welche Arbeits- und Entwicklungs- ziele werden angestrebt?
2 Personenkreis festlegen	• Wer führt das Gespräch?
	• Mit wem wird es geführt?
3 Zeiträume festlegen	• Zeitpunkt des Gespräches
	• Gesprächsrhythmus
4 Vordrucke entwickeln	• Inhalte und Form festlegen
	• Aufbewahrung regeln
5 Unterstützung planen	• Einführungsseminar veranstalten
	• Leitfaden und Checklisten entwickeln

Abbildung 22   Zusammenfassung der 5 Schritte zur Einführung von Mitarbeitergesprächen

3.3.3 Beurteilung der Führungskräfte

Während eine Beurteilung von »oben nach unten« heute, in welcher Form auch immer, schon weit verbreitet ist, werden nach wie vor intensive und auch sehr kontroverse Diskussionen darüber geführt, ob es sinnvoll ist, Vorgesetzte durch ihre Mitarbeiter beurteilen zu lassen. Warum eigentlich? Führungskräfte nehmen eine immer bedeutendere Rolle bei der Bewältigung betrieblicher Problemstellungen ein.

Vielen Herausforderungen kann nur deshalb nicht in geeigneter Weise begegnet werden, weil die verantwortlichen Führungskräfte nicht in der Lage sind, ihre Mitarbeiter von der Notwendigkeit der erforderlichen Veränderungen zu überzeugen. Dabei scheitert es meistens nicht am Wollen, sondern am Können. Erschwerend kommt noch eine nicht selten fast an Arroganz grenzende Selbstüberschätzung einzelner Führungskräfte hinzu, die sich einfach nicht vorstellen können, irgend etwas an ihrem Verhalten könnte falsch sein. Dabei zwingt systematische Führungskräfteentwicklung zu ständiger Auseinandersetzung mit folgenden Fragen:

Auf der Seite des Unternehmens	auf der Seite der Führungskraft
Welche Anforderungen müssen unsere Führungskräfte heute und in Zukunft erfüllen?	Wie führe ich? Was mache ich eigentlich ganz genau?
Wo stehen wir heute?	Welche Schwächen reduzieren meine Effektivität?
Wohin wollen bzw. müssen wir uns bewegen, um mit den Anforderungen Schritt halten zu können?	Wie kann ich mich weiterentwickeln?
Haben wir genügend Potentiale?	Gibt es Bereiche, in denen ich meine Grenzen erreicht habe?

Abbildung 23

Ein Hilfsmittel zur Weiterentwicklung des Führungsverhaltens wird neuerdings in der »Führungskräftebeurteilung« gesehen. Die Frage ist, welchem Zweck dieses Instrument dienen kann und welche Konsequenzen aus seiner Anwendung abzuleiten sind. Soll es (wie bestenfalls zu empfehlen) ausschließlich als Standortbestimmung und Mittel zur Verbesserung des Kommunikationsverhaltens für die Führungskraft genutzt werden, ist die Verwendung des Begriffes »Beurteilung« irreführend. Besser wäre hier von einem »Feedback für Vorgesetzte« oder von einem »Führungsbarometer« zu sprechen. Denn Mitarbeiter können und sollen ihre Führungskräfte nicht *beurteilen*, sondern ihnen höchstens Informationen darüber vermitteln, wo in der gegenseitigen Kommunikation Störungen auftreten.

Nach dem Modell des von den Psychologen J. Luft und H. Ingham entwickelten »Johari-Fensters«[38] hat jeder Mensch
● einen Bereich des Wirkens und Handelns, der ihm selbst und anderen bekannt ist (Feld A, auch als Agora = Marktplatz bezeichnet).
● einen Bereich, der ihm bekannt ist, den er aber vor anderen verbirgt (Feld C).
● einen Bereich, den weder er selbst noch jemand anders kennt (Feld D).
● einen Bereich, der von anderen eingesehen wird, ihm selbst jedoch unbekannt ist. (Feld B = Blinder Fleck)

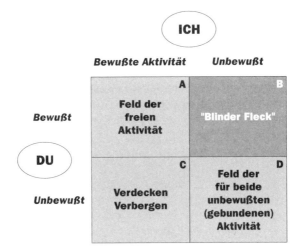

Abbildung 24   Johari-Fenster

Solange z. B. weitgehend über den Bereich D miteinander kommuniziert wird, sind Mißverständnisse praktisch vorprogrammiert. Es geht also darum, das Feld A auszudehnen, und die Felder B, C und D zurückzudrängen. Denn der »blinde Fleck« kann nur dann aufgelöst werden, wenn diejenigen, die ihn sehen, dem Betreffenden darüber Informationen vermitteln. Damit verschaffen sie ihm die Möglichkeit, das Feld der freien Aktivität zu verbreitern und auf der Ebene des beidseitig Bewußten zu kommu-

[38] Luft, J.: Einführung in die Gruppendynamik, Stuttgart 1972

nizieren. Kooperative Führung kann nur dann erfolgreich sein, wenn sie sich ausschließlich im Bereich der »Agora«, des allen Beteiligten Bekannten, abspielt.

Vorgesetzte müssen sich bemühen, durch ständige Rückkopplung Informationen auch über sich selbst zu erhalten. Nur dann kommt eine gleichgerichtete Kommunikation zwischen ihnen und ihren Mitarbeitern in Gang. Ein erster Weg *kann* die schriftliche Information in Form des »Führungsbarometers« und dessen anschließende gemeinsame Aufarbeitung sein, um dadurch zu einer Verbesserung der Zusammenarbeit und einer Stärkung des Gruppengefühls zu kommen.

Jede wie auch immer geartete Stellungnahme des Mitarbeiters zum Führungsverhalten seiner Führungskraft *muß* einen Kommunikationsprozeß nach sich ziehen, in dem die Feststellungen des Mitarbeiters gemeinsam umfassend, offen und vorurteilsfrei diskutiert werden. Das stellt hohe Anforderungen an das Urteilsvermögen und die menschliche Reife beider Partner! Man sollte sich **vor** der Einführung einer »Beurteilung« der Führungskräfte sehr genau vor Augen führen, welche Zwecke man damit verfolgt und welche Konsequenzen daraus für das Führungsklima erwachsen können. Dabei sind Ängste und Befürchtungen sowohl der Führungskräfte als auch der Mitarbeiter ernstlich zu berücksichtigen.

Aus bisherigen Erfahrungen werden von den Beteiligten folgende Risiken und Nachteile genannt:
- Negative Auswirkung auf das Arbeitsklima, wenn der Vorgesetzte nicht mit dem Ergebnis einverstanden ist.
- Eingeschränkte Aussagekraft, da sich Mitarbeiter häufig nicht trauen, ihre wirkliche Meinung zu äußern.
- Ängste vor Konsequenzen auf beiden Seiten.
- Gefahr bewußt negativer Äußerungen (Racheakt).

Vorteile können sein:
- Förderung eines offenen und freimütigen Meinungsaustausches.
- Mitarbeiter erkennen, daß ihre Meinung Gewicht hat und daß sie Einfluß nehmen können.
- Schwächen und Stärken im Führungsalltag werden aufgezeigt.
- Eine systematisierte Form der Befragung bringt mehr Klarheit als Einzelfeststellungen.

● Das Unternehmen erkennt Schwachstellen und kann geeignete Personalentwicklungsmaßnahmen einleiten.

Wenn sich also ein Haus zum Einsatz dieses Instrumentes entschließt, muß die Diskussion über Chancen und Risiken möglichst frühzeitig auf allen hierarchischen Ebenen in Gang gesetzt werden, da es kaum möglich sein wird, die mit seiner Anwendung fast zwangsläufig verbundenen emotionalen Aspekte zu umgehen.

Zweifellos gehört eine ganze Menge Mut dazu, sich auf diesem Wege mit seinen eigenen Stärken und Schwächen auseinanderzusetzen. Die Aussage, »*kein Mensch ist vollkommen*«, wird zwar jedermann bestätigen, *niemand* wird aber erfreut sein, sie so unmittelbar auf die eigene Person bezogen sehen zu müssen.

Bei Einsatz des »Führungsbarometers« sollten, um einen möglichst störungsfreien Ablauf zu gewährleisten, nachstehende Gesichtspunkte Berücksichtigung finden:

Vertraulichkeit und Anonymität. Die »beurteilenden« Mitarbeiter geben ihre Einschätzung ohne Namensnennung ab. Dabei sollte sowohl die technische Abwicklung als auch die Auswertung über eine neutrale (möglichst sogar externe) Stelle erfolgen, der nicht die Verfolgung von Eigeninteressen unterstellt werden kann. Den Führungskräften werden nur die Durchschnittswerte aus den Bewertungen *aller* ihrer Mitarbeiter mitgeteilt.

Zum Schutz der Führungskräfte müssen klare Spielregeln darüber aufgestellt werden, was mit den Ergebnissen geschieht, insbesondere unter welchen Voraussetzungen eine Weitergabe der Ergebnisse an Dritte (Geschäftsleitung, Personalbereich) erfolgt.

Freiwilligkeit. Um die Akzeptanz eines solchen Instrumentes zu testen und zu fördern, ist es sinnvoll, zunächst eine »Pilotrunde« mit Freiwilligen zu starten. Für diese Vorgehensweise spricht auch, daß die gewonnenen Erkenntnisse schließlich auch mit einem nicht unerheblichen Aufwand verarbeitet werden müssen. Aus Zeit- und Kapazitätsgründen wird daher eine schrittweise Vorgehensweise empfohlen, wobei allerdings, wenn eine Grundsatzentscheidung zur Einführung getroffen wurde, *niemand* davon ausgenommen werden darf.

Festlegung der Beurteilungskriterien. Inzwischen gibt es einschlägige Erkenntnisse darüber, welche Verhaltensweisen einer Führungskraft erfolgversprechend sind und welche Rahmenbedingungen sich zur Schaffung eines leistungsförderlichen Klimas eignen. Die einzelnen Kriterien wie z. B.:

– Zielorientierung,
– Leistungsorientierung,
– Delegation,
– Information,
– Mitarbeiterentwicklung,
– Motivation,
– Konfliktlösung,

sollten im Rahmen eines Workshops auf die Besonderheiten des eigenen Hauses abgestimmt werden. Nachdem sie definiert sind, empfiehlt es sich, sie so zu beschreiben, wie sie der Mitarbeiter wahrnehmen soll. Zu jedem Kriterium sind mehrere (z. B. fünf) Statements aufgeführt, die der Mitarbeiter zu bewerten hat.

Frühzeitige Einbindung des Betriebsrats und umfassende Information der Führungskräfte und Mitarbeiter. Für die Einführung von Beurteilungsinstrumenten ist die Zustimmung des Betriebsrates erforderlich. Durch ein frühzeitiges Einbinden können Vorbehalte, Mißverständnisse und auftretende Interessenkonflikte rechtzeitig ausgeräumt werden.

In einer persönlichen Information des Vorstandes werden Führungskräfte und Mitarbeiter über Inhalt, Ablauf und die »Spielregeln« informiert. Wichtigstes Ziel hierbei ist, nicht nur Vertraulichkeit und Anonymität (die ausgefüllten Fragebögen werden ohne Identifikationsmöglichkeit an den Auswerter weitergeleitet), sondern auch die mit der Maßnahme verbundene betriebliche Zielsetzung zu verdeutlichen.

Feedback an die Führungskräfte. Die Führungskräfte erhalten im Rahmen eines ausführlichen persönlichen Gespräches mit dem Auswerter eine Analyse über die zu den einzelnen Verhaltensdimensionen festgestellten Ausprägungen. Das so gewonnene Stärken-Schwächen-Profil dient zum einen den einzelnen Führungskräften als Basis für die Erstellung eines konkreten persönlichen Aktionsplanes mit dem Ziel, in Form konkreter Zielsetzungen festgestellte Stärken weiter zu festigen und erkannte

Schwächen schrittweise abzubauen, zum anderen aber auch in seiner Zusammenfassung als Ausgangspunkt für einen unternehmensübergreifenden Aktionsplan.

Umsetzung und Erfolgskontrolle. Die Umsetzung der Aktionspläne wird durch Follow-up-Workshops (unter Teilnahme der Unternehmensleitung) unterstützt und sichergestellt. Nach einem angemessenen Zeitraum sollte eine Erfolgskontrolle durchgeführt werden. Dies kann in Form einer erneuten, verkürzten Befragung der Mitarbeiter erfolgen. Bei entsprechender »Reife« der Zusammenarbeit kann dies auch in einer gemeinsamen Besprechung geschehen.

3.3.4 Zusammenfassung

Die Kommunikation mit den Mitarbeitern nimmt heute schon einen erheblichen Teil der Arbeitszeit einer Führungskraft in Anspruch. Es könnte somit der Eindruck entstehen, zusätzliche *formale* Mitarbeitergespräche seien überflüssig. Ein Großteil dieser Gespräche ist jedoch situativ bedingt, auf bestimmte Geschäftsvorgänge bezogen und findet in der Hektik des Tagesgeschäftes meist »zwischen Tür und Angel« statt. Grundsätzliche Fragen der Zusammenarbeit, der persönlichen Ziele des Mitarbeiters sowie seiner beruflichen Perspektiven finden darin selbstverständlich keinen Raum. Deshalb bedarf es hierfür eines Instrumentariums, das einerseits den Mitarbeiter nicht der Willkür (und dem engen Terminkalender) seiner Führungskraft ausliefert, andererseits die Führungskraft aber auch davor bewahrt, aus einer bestimmten emotionalen Situation heraus womöglich Entscheidungen zu treffen, die für den Mitarbeiter (und manchmal sogar für das Unternehmen) von existentieller Bedeutung sein können.

Die Mitarbeiterbeurteilung als Instrument sollte niemals den Anspruch erheben, mehr als eine *methodische Hilfe* für die Führungskräfte zu sein. Sie befreit sie nicht von ihrer Führungsverantwortung, sondern leistet im besten Fall technische Unterstützung.

Die Führungskräftebeurteilung oder besser das *Führungsbarometer* sollte nur mit äußerster Zurückhaltung eingesetzt werden, verlangt sie doch von allen Beteiligten ein Ausmaß an organisatorischer Reife, Urteilsvermögen, Emotionslosigkeit und innerer Flexibilität, das in der Praxis nur selten anzutreffen sein dürfte. Im Zweifelsfall sollte man daher eher darauf verzichten, da der damit anzurichtende Schaden für das Unternehmen ganz erheblich sein kann.

Erste Anfänge auf diesem Gebiet sollten lieber im konstruktiven Dialog zwischen Führungskräften und Mitarbeitern gesucht werden. Wenn einmal das Mitarbeitergespräch zu einem festen Bestandteil der Führungskultur geworden ist, wenn sich aus »oben« und »unten« eine Partnerschaft entwickelt, werden die emotionalen Schranken zwangsläufig niedriger werden, und die Führungskraft kann sich auf sehr viel einfacherem Wege ein Feedback über das eigene Führungsverhalten verschaffen – indem sie mit ihren Mitarbeitern einfach darüber spricht.

3.4 Job rotation und Laufbahnmodell

Ein heute noch immer viel zu wenig genutztes Instrument der Personalentwicklung ist die **Job rotation** (Arbeitswechsel/Arbeitsplatzwechsel). Darunter ist ein systematisch geplanter horizontaler Aufgaben- und Stellenwechsel innerhalb des Unternehmens zu verstehen, mit dem Ziel, Mitarbeitern über das Kennenlernen neuer Aufgabengebiete zusätzliche Qualifikationen zu vermitteln und ihren Erfahrungshorizont zu erweitern. Dabei ist entscheidend, daß mit dem jeweiligen Stellenwechsel nicht zwangsläufig auch ein Aufstieg verbunden ist. *»Bei Job rotation handelt es sich um eine Bildungsmethode mit Programmcharakter, die zwar schwerpunktmäßig am Arbeitsplatz vollzogen wird, aber Ergänzungen durch andere Formen (z.B. Teilnahme an Gesprächen und Diskussionen, Seminarbesuche, Auslandseinsatz usw.) nicht ausschließt.«*[39]

Während es in der Vergangenheit als eine hervorzuhebende Leistung galt, wenn ein Mitarbeiter möglichst lange für ein bestimmtes Aufgabengebiet zuständig war, kommen heute Zweifel auf, ob dies unbedingt dem Unternehmen zum Vorteil gereicht. Besonders leistungsorientierte Unternehmen in Amerika sind mittlerweile schon dazu übergegangen, Mitarbeiter, die an ihrem

[39] Wolfgang Mentzel: Unternehmenssicherung durch Personalentwicklung, Freiburg i.Br., 6. Aufl. 1994

Arbeitsplatz besonders gute Leistungen erbringen, ganz bewußt nach einer bestimmten Zeit mit einer völlig anderen Arbeit zu betrauen. Der Grund: Man hat festgestellt, daß *gute* Mitarbeiter nahezu an jedem Platz gut sind, auch in neuen, bisher für sie unbekannten Aufgabengebieten innerhalb kürzester Zeit Überdurchschnittliches zu leisten vermögen. Durch ihre Erfahrung aus anderen Leistungsbereichen bringen sie wertvolle und innovative Impulse in ihre neue Arbeit ein und fördern damit den Markterfolg ihres Unternehmens.

Hierzu einige grundsätzliche Überlegungen:

1. **Eine zu lange Verweildauer in ein und derselben Funktion** (insbesondere von Führungskräften des mittleren Managements) **führt zu Verkrustungen und behindert damit notwendige Veränderungen.** Mit zunehmenden »Dienstjahren« wird die Arbeit zur Routine, und man glaubt, alles im Griff zu haben. Neuerungen gegenüber verhält man sich – meist unbewußt – ablehnend, weil man die damit verbundene Unruhe fürchtet und schließlich ja auch mit den bisherigen Vorgehensweisen gute Erfahrungen gemacht hat. Aussagen wie »das haben wir immer schon so gemacht, weil es gar nicht anders geht« bestätigen nur das Beharrungsvermögen, mit der manche Führungskräfte den Wandel verhindern.

2. **Flachere Hierarchien und stagnierender oder gar rückläufiger Personalbedarf führen zu einem Karrierestau, der bei Nachwuchskräften zu Motivationsproblemen führen kann.**
   Der Status von Leistungsträgern in Kreditinstituten wird immer noch viel zu häufig an der Zahl der unterstellten Mitarbeiter gemessen. Dies hängt zum einen mit einer stark hierarchieorientierten Denkweise zusammen, zum anderen aber auch damit, daß Karrieren in der Vergangenheit fast ausschließlich über Linienfunktionen und so gut wie nie über die Stäbe gemacht wurden. Die trotz aller gegenteiliger Beteuerungen nach wie vor bestehenden Vorbehalte und Mißtrauenshaltungen zwischen Führungskräften in der Linie und den hochkarätigen Fachspezialisten ohne entsprechenden »Unterbau« werden sich durch die Institutionalisierung hierarchiefreier Betreuungsfunktionen (Firmenkundenberater, Berater vermögende Privatkunden usw.) in Zukunft noch verstärken, wenn nicht ein perma-

nenter Personalaustausch zwischen den einzelnen Bereichen gefördert wird.

Reibungsloses Zusammenwirken zwischen den in die Probleme des Tagesgeschäftes eingebundenen Mitarbeitern an der »Front« und den mehr konzeptionell ausgerichteten Spezialisten in der »Etappe« wird nur dann möglich sein, wenn genügend Verständnis für die Probleme der jeweils anderen Seite vorhanden ist. Das wird auf Dauer aber nicht durch Gespräche und Aufrufe, sondern nur durch **eigenes Erleben** möglich sein. Schon aus diesem Grund wird Job rotation zu einer Verbesserung der innerbetrieblichen Zusammenarbeit führen und damit den mit ihr verbundenen Mehraufwand rechtfertigen.

3. **Mitarbeiter verlieren den Bezug zu ihrer Arbeit, weil sie entweder nichts Neues mehr bietet oder zu starken Änderungen unterworfen ist.** Das Erstarren in der Routine des ewigen, gleichförmigen Einerlei, die Überlegung morgens beim Aufwachen *»und so soll das die nächsten zwanzig Jahre weitergehen«* kann sowohl zu Apathie und Resignation am Arbeitsplatz als auch zu extensiver Suche nach Bestätigung und Erfolg im außerbetrieblichen Bereich führen.

Auf der anderen Seite wiederum gibt es Mitarbeiter, die sich beispielsweise den durch technologischen Wandel bedingten neuen Anforderungen an ihrem Arbeitsplatz nicht mehr gewachsen fühlen und deshalb jede Neuerung (oftmals mit Scheinargumenten) erbittert bekämpfen.

4. **Einerseits beklagen sich Kunden immer wieder über zu häufigen Beraterwechsel, andererseits sollen junge Mitarbeiter möglichst frühzeitig die Wünsche und Bedürfnisse der Kunden kennenlernen.** Kunden müssen Zeit haben, mit ihren Kontaktpersonen vertraut zu werden. Wenn diese so häufig wechseln, daß die Kunden nicht mehr mit dem Austausch der Visitenkarten nachkommen, vermittelt das nicht Dynamik, sondern Hektik und Unbeständigkeit. Deshalb muß in Stellen mit Marktbezug eine Verweildauer von mindestens zwei bis drei Jahren vorgesehen werden, andererseits sollte **jeder** Mitarbeiter eines marktorientierten Dienstleistungsunternehmens für einige Zeit Markterfahrung sammeln. Denn auch der Mitarbeiter im Rechnungswesen muß lernen, daß seine Existenz nicht von der Bank, sondern von den Kunden abhängt.

5. Erfahrungsgemäß bevorzugen viele Führungskräfte bei der Besetzung einer Stelle eher Mitarbeiter, die ihre bisherige Tätigkeit erst wenige Jahre ausgeübt haben. Wer zehn Jahre und länger in seiner vorherigen Position war, dem wird häufig nicht mehr die notwendige Anpassungsfähigkeit und Flexibilität für neue Aufgaben zugebilligt.

Ein Fall aus der Praxis:
Ein Filialleiter, 37 Jahre alt, ist seit 9 Jahren in dieser Funktion. Die Bank ist mit seinen Leistungen sehr zufrieden, es besteht jedoch kaum Aussicht, in absehbarer Zeit in die nächste Führungsebene aufzusteigen.

In einem Gespräch mit seiner Führungskraft bringt er sehr deutlich zum Ausdruck, daß er nicht bis ans Ende seiner Berufstätigkeit Filialleiter bleiben möchte, sondern den Wunsch hat, eine neue Aufgabe zu übernehmen, die weder mit einem Prestigeverlust bei Kollegen und Mitarbeitern noch mit finanziellen Einbußen verbunden ist. Er erhält derzeit neben seinem Grundgehalt noch variable Gehaltsbestandteile (Provisionen und Leistungsprämie).

Die Personalverantwortlichen müssen sich also mit folgenden Fragestellungen auseinandersetzen:
- Gibt es eine Aufgabe im Unternehmen, die den Fähigkeiten und Vorstellungen dieses Mitarbeiters entspricht?
- Kann die Vergütung zur beiderseitigen Zufriedenheit geregelt werden?
- Steht ein möglicher Nachfolger für die Übernahme der Filiale zur Verfügung?

Die denkbar schlechteste Möglichkeit in diesem Fall wäre, da sich keine schnelle Lösung anbietet, den Mitarbeiter erst einmal zum Stillhalten zu überreden und auf später zu vertrösten (in der irrationalen Hoffnung, daß vielleicht demnächst eine geeignete Stelle durch »natürlichen Abgang« vakant wird).

Es muß versucht werden, für diese latente Konfliktsituation eine Lösung zu finden, die sowohl den Interessen des Hauses als auch denen des Mitarbeiters dient. Das wird, wenn nicht ein glücklicher Zufall zur Hilfe kommt, nur dann möglich sein, wenn über ein Job-rotation-Programm Alternativen angeboten werden können, die weder den Mitarbeiter noch die Bank zu langfristig wirksamen Entscheidungen zwingen. Dazu gehört, daß

- den Mitarbeitern *rechtzeitig* durch spezielle Förder- und Entwicklungsprogramme nicht nur vertikale, sondern auch horizontale (Laufbahn- und fachübergreifende) Entwicklungsmöglichkeiten angeboten werden,
- Fach- und Spezialaufgaben durch Übertragung von Kompetenzen und Verantwortung anspruchsvoller gestaltet und mit einem entsprechenden Sozialprestige ausgestattet werden,
- durch den Bereich Personalentwicklung eine permanente und laufbahnbegleitende Beratung angeboten wird, um gewünschte oder mögliche Veränderungen rechtzeitig vorbereiten und in die Wege leiten zu können,
- daß fachliche und finanzielle Anreize geschaffen werden, die Job rotation attraktiv machen,
- Job rotation bei **allen** Mitarbeitern und Führungskräften nicht als »Wartesaal dritter Klasse« bis zur Übernahme einer *richtigen* Aufgabe gilt (man bedenke nur, was für ein miserables Image in vielen Häusern Springer oder Mitarbeiter der Personalreserve genießen) sondern als Auszeichnung und Ausweis besonderer Befähigung angesehen wird.

Job rotation bindet erhebliche Kapazitäten des Personalbereiches und kostet damit viel Zeit und Geld. Dennoch sollte an der Entwicklung vom Personal-»Verwalter« zum Personal-»Gestalter« kein Weg vorbeiführen. Der Nutzen ist eindeutig:

Für das Unternehmen
- erhöht sich die Anpassungsfähigkeit und Reaktionsgeschwindigkeit für neue Herausforderungen,
- wird die Flexibilität und Einsatzmöglichkeit der Mitarbeiter erweitert,
- können bisher unterforderte oder überforderte Mitarbeiter nutzbringender und damit wirtschaftlicher eingesetzt werden,
- können neue Ideen erschlossen werden,

- wird der Marktbezug und die Kundenorientierung in den Fachabteilungen und Stabsbereichen gefördert,
- werden Verkrustungen verhindert,
- werden Bereichsegoismen abgebaut.

Für den Mitarbeiter
- erhöht Job rotation die fachliche und persönliche Qualifikation,
- ergibt sich die Möglichkeit für ein interessanteres und abwechslungsreicheres Arbeitsleben
- wird durch Erweiterung des Horizontes das Selbstvertrauen gefördert
- ergibt sich die Chance zu mehr eigenverantwortlicher Gestaltung der Arbeit.

Job rotation hat zum Ziel, die Handlungs- und Führungs- und Sozialkompetenz der Mitarbeiter zu fördern und ein hohes Maß an betrieblicher Flexibilität sicherzustellen.

3.4.1 Voraussetzungen für eine erfolgversprechende Umsetzung

Eine erfolgversprechende Implementierung der Job rotation setzt die Anwendung folgender personalwirtschaftlicher Instrumente voraus:
- Stellen- und Aufgabenbeschreibungen,
- Anforderungsprofile,
- Laufbahnmodelle,
- Entwicklungsprogramme,
- Nachfolgeplanung,
- Potentialanalyseverfahren.

Stellen- und Aufgabenbeschreibungen sowie Anforderungsprofile schaffen sowohl den Führungskräften als auch den Mitarbeitern Klarheit und Transparenz über die Bedingungen und Möglichkeiten eines Wechsels. In Ergänzung dazu sind Laufbahnmodelle zu sehen, die für die verschiedenen Laufbahnen innerhalb eines Hauses Karrieremöglichkeiten sowie vom Mitarbeiter hierfür zu erbringende Voraussetzungen beschreiben.

138

Laufbahnmodelle sind die Beschreibung einer **idealtypischen Folge von Stationen einer beruflichen Laufbahn.** Die Einhaltung der einzelnen Stationen (und deren erfolgreiche Bewältigung) ist für den Mitarbeiter in der Regel verbindliche Voraussetzung zur Erreichung einer höherwertigen Stufe. Laufbahnmodelle enthalten

a) **die verschiedenen praktischen Tätigkeiten**
   (Hauptaufgaben und Hauptanforderungen)

b) **begleitende Entwicklungsprogramme**
   (off/near-the-job)

c) **die vom Mitarbeiter für jede Laufbahnstufe zu erbringenden Leistungen**
   (im Unternehmen oder außerhalb des Unternehmens durch Eigeninitiative zu erwerbende Kenntnisse oder Fähigkeiten)

d) **Richtwerte für Praxiszeiten**
   (Mindestverweildauer pro Laufbahnstufe).

und führen in der Regel zu einer höherwertigen Position im Unternehmen. Sie beinhalten allerdings keinen Automatismus, der *zwangsläufig* zu höheren Positionen führt. Die Mitarbeiter müssen sich durch entsprechende Leistungen qualifizieren, bevor eine weitere Entwicklung *möglich* ist. Laufbahnmodelle tragen in starkem Maße zur Transparenz und Versachlichung der Personalpolitik bei, da sie in nachvollziehbarer Form die Bedingungen und Voraussetzungen aufzeigen, unter denen Personalentscheidungen getroffen werden. Laufbahnmodelle empfehlen sich besonders bei Vorliegen folgender Voraussetzungen:

- **Ähnlichkeiten der Aufgaben**
  z. B. Kundenberater
- **Gleiche Anforderungen in den jeweiligen Funktionsgruppen**
  z. B. bei Führungskräften
- **Gleichwertige Grundvergütung der Zielpositionen.**

Weniger sinnvoll sind Laufbahnmodelle für Spezialabteilungen. Hier sollte bei Bedarf in Zusammenarbeit mit den zuständigen Führungskräften eine individuelle (aber ebenfalls schriftlich fixierte) Laufbahnplanung vorgenommen werden. Laufbahnmodelle

- informieren den Mitarbeiter über seine beruflichen Perspektiven, aber auch über die damit verbundenen Aufgaben und Anforderungen,
- unterstützen die Führungskräfte bei der Beratung ihrer Mitarbeiter,
- setzen Qualifikations- und Qualitätsmaßstäbe.
- systematisieren die Qualifizierungsmaßnahmen für bestimmte Funktionen.

Praxiszeit	Entwicklungs-schritte	begleitende PE-Maßnahmen	Qualifikation
mind. **5 Jahre**	Fillialleiter	• Führungsseminare • Coaching	• Abschluß Fern-studium
	⇑		
5 Jahre	Finanzberater	• Fach- u. Verkaufs-trainings • Training am Arbeits-platz • Job Rotation • Stellvertretung • Hospitation	• Entwicklungs-programm zum Finanzberater
	⇑		
mind. **2–3 Jahre**	Privatkunden-berater in einer Filiale	• Selbststudium • Workshops • Verhaltenstrainings • Training am Arbeits-platz	• Entwicklungs-programm zum Privatkunden-berater
	⇑		
1,5–2 Jahre	Kundenberater/ Servicebereich Personalreserve	• Stellenwechsel	• Bankkaufmann oder Sparkassen-kaufmann

Abbildung 25   Laufbahnmodell Filialleiter

Wie bereits im Kapitel »Personalbedarf und Personalentwicklungsbedarfsplanung« dargestellt, werden die Mitarbeiter über ein **Entwicklungsprogramm auf ihre neue Tätigkeit vorbereitet.** Die Entwicklungsmaßnahmen sollen dabei »just-in-time« stattfinden, d. h. parallel zur Einarbeitungsphase.

Die Nachfolgeplanung orientiert sich an der zu besetzenden Position und hat das Ziel, mehrere potentielle Kandidaten für eine Nachfolge zu identifizieren. Die Nachfolgeplanung hat den Vorteil, daß bei Bedarf mehrere Kandidaten im Sinne einer aktiven Personalbetreuung angesprochen werden können.

Um das erforderliche Potential der Mitarbeiter zu ermitteln, sollte nicht mit Kanonen auf Spatzen geschossen werden. Insbesondere bei kleineren Banken und Sparkassen sollte gut abgewogen werden, ob beispielsweise eine Potentialeinschätzung nach der Asessment-Center-Methode sinnvoll ist. Unter Umständen kommt man im Rahmen eines strukturierten Gesprächs zwischen dem Mitarbeiter, seiner Führungskraft und einem Personalentwickler zu ebenso brauchbaren Ergebnissen.

3.4.3 Praktische Umsetzung

	Beispiel	Lösungsansatz
1	**Filialleiter,** *37 Jahre,* • seit 9 Jahren in dieser Funktion, • keine Aufstiegsmöglichkeit, • wünscht dringend eine Veränderung ohne Imageverlust, • Nachfolger steht nicht zur Verfügung, • Nachfolge, passende neue Stelle, Vergütung	• Arbeitsplatzwechsel, befristet auf ca. 5 Jahre, neue Tätigkeit als Individualkundenberater oder Geschäftskundenberater, • Übernahme einer Stabsfunktion.
2	**Abteilungsleiter,** *44 Jahre,* • seit 9 Jahren in dieser Funktion, • keine Aufstiegsmöglichkeit, • ausgezeichnetes Fachwissen • Führungsprobleme,	• Arbeitsplatzwechsel in eine Stabsabteilung • oder als Fachspezialist in den Vertrieb.
3	**Sachbearbeiter,** *25 Jahre,* • seit 6 Jahren in dieser Funktion, will weiterkommen aber grundsätzlich im Fachbereich bleiben, • neigt zu stark fachbezogener Denkweise, • derzeit noch begrenzte Einsatzmöglichkeit	• Arbeitsplatzwechsel (evt. Tausch) innerhalb des Fachbereiches durch Übernahme eines anderen Aufgabengebietes innerhalb der Abteilung, • zeitlich befristeter Wechsel in den Vertriebsbereich.

3.4.4 Vorgehensweise

Schritt 1: Diskussion und Grundsatzentscheidung der Geschäfts-leitung, Verankerung der Job rotation in die personalpolitischen Leitlinien mit dem Ziel, dieses Instrument zukünftig konsequent bei Stellenausschreibungen und Stellenbesetzungen in Anwendung zu bringen.

Mit der Einführung von Job rotation werden die Weichen für eine Dynamisierung der Personalpolitik gestellt. Eine daraus resultierende Unruhe, verbunden mit Abwehrreaktionen einzelner Führungskräfte, ist unvermeidlich und durchaus gewollt, denn es sollen ja gerade fest eingefahrene (formale und informelle) Informations- und Kommunikationswege verändert und das so sorgfältig austarierte Kräftegleichgewicht in der mittleren Führungsebene »durchgemischt« werden.

Deshalb braucht man natürlich auch hier, wie bei jeder einschneidenden Veränderung, Überzeugungskraft, einen langen Atem und die uneingeschränkte Unterstützung des Vorstands.

Wenn sich die neue Verfahrensweise der Job rotation »eingeschliffen« hat, wird sie vom Personalentwickler betreut, bis dahin muß sie aber »Chefsache« in der direkten Verantwortung des Vorstandes bleiben.

Schritt 2: Durch intensive Diskussionen mit Personalrat und Führungskräften ist Commitment über Verfahrensweisen und einzuhaltende »Spielregeln« herzustellen. Das vereinbarte Regelwerk wird offiziell verabschiedet.

Schritt 3: Ausführliche Information der Mitarbeiter über Voraussetzungen, Ablauf, Möglichkeiten und Ziele der Job rotation.

Schritt 4: Strukturierte Einzelgespräche mit den in Frage kommenden Personen.

Als Zielgruppen kommen beispielsweise Führungskräfte im Alter zwischen 40 und 50 Jahren, die länger als 10 Jahre die gleiche Funktion ausüben, oder Mitarbeiter, die seit mehr als fünf Jahren in qualifizierten Positionen sind, in Betracht.

Leitfragen im Interview:	
Zur Standortbestimmung:	– Wie beurteile ich meine derzeitige berufliche Situation?
	– Wie sehen das meine Kollegen, Freunde, Ehepartner?
	– Bin ich damit einverstanden und zufrieden?
	– Wie sehe ich meine Situation in 5 Jahren, wenn sich nichts ändert?
Planung der Weiterentwicklung:	– Was möchte ich ändern?
	– Was sind meine Ziele, Pläne und Vorstellungen?
	– Sind sie realistisch und realisierbar?
	– Was bin ich persönlich bereit dafür zu tun?

Schritt 5: Erfassung der Kandidaten im Personalbereich, Erstellung von kurz- und mittelfristigen Plänen in Verbindung mit internen Stellenausschreibungen.

Schritt 6: Durchführung der Personalentwicklungsmaßnahmen (off-the-job/on-the-job). Permanente Überprüfung des Umsetzungserfolges durch Mitarbeitergespräche.

Mögliche Hindernisse und deren Überwindung:

● **Führungskräfte befürchten, gute Mitarbeiter zu verlieren, und blockieren das Programm!**

Es ist sicherzustellen, daß qualifizierter Ersatz zur Verfügung gestellt wird oder der Mitarbeiter innerhalb des Geschäftsbereiches rotiert.

● **Mitarbeiter fürchten, daß ihre Teilnahme am Programm als »wegloben«, persönliche Unbeständigkeit oder fachliches Unvermögen interpretiert wird.**

Dem kann dadurch entgegengewirkt werden, daß eindeutig klargestellt wird, daß die Teilnahme an Job rotation als wesentliche Voraussetzung für weitere Entwicklungs- und Karrieremöglichkeiten gilt.

● **Verzögerungen des betrieblichen Ablaufes durch Einarbeitung und Seminare**

Diese lassen sich nie gänzlich vermeiden. Sie können jedoch durch ein entsprechendes Timing und durch Unterstützung der Kollegen gemildert werden.

Job Rotation in Verbindung mit Laufbahnmodellen kann gerade mittelständischen Banken und Sparkassen genau die Flexibilität im Personalbereich verschaffen, die in den kommenden Jahren so dringend benötigt wird. Denn nicht der erfahrene *Bänker,* der seit Jahren und womöglich seit Jahrzehnten routiniert, solide und unauffällig sein angestammtes Geschäft betreibt, wird in Zukunft gefragt sein, sondern derjenige, der es darüber hinaus versteht, für seine Kunden maßgeschneiderte, fach- und funktionsübergreifende Problemlösungen zu entwickeln und ihnen ein kompetenter Partner in allen Fragen des Finanzmanagements zu sein.

3.5 Coaching von Führungskräften

3.5.1 Steigende Anforderungen können nicht immer im Alleingang bewältigt werden

Selten standen Führungskräfte vor einer solchen Fülle unterschiedlichster und anspruchsvoller Aufgaben wie heute und in den kommenden Jahren: Im Vertriebsbereich geht es neben immer schwerer zu erreichenden Vertriebszielen um die
– Weiterentwicklung der Vertriebsorganisation,
– Umsetzung von Betreuungskonzepten,
– Weiterentwicklung der Beratungs- und Servicequalität, sowie
– um die betriebswirtschaftliche Steuerung neugebildeter Profit-Center,

um nur einige wesentliche Beispiele zu nennen. Im Bereich der technologischen Entwicklung stehen die Kreditinstitute vor einer Vielzahl neuer Anwendungen wie der Nutzung interner Netzwerke, computerunterstützter Beratung und Bearbeitung oder dem weiteren Ausbau der Kundenselbstbedienung in den Filialen. Diese Veränderungen nicht nur technisch-organisatorisch umzusetzen, sondern auch innerlich so zu verarbeiten (und den Mitarbeitern so zu vermitteln), daß die angestrebten Ziele, nämlich **absolute Marktorientierung bei größtmöglicher Wirt-**

schaftlichkeit der einzelnen Geschäftsprozesse auch erreicht werden, wird derzeit noch lange nicht allen Führungskräften gleichermaßen möglich sein.

Dennoch nehmen sie bei der Bewältigung dieser Herausforderungen eine zentrale Rolle ein, liegt es doch hauptsächlich an ihnen, ob sich die mit den genannten Maßnahmen verbundenen enormen Investitionen in Menschen und Material auch tatsächlich in absehbarer Zeit in meßbare Geschäftserfolge umsetzen lassen.

Bisher durchaus erfolgreiche Führungskräfte befinden sich plötzlich in einer Sinnkrise. Das solide Fundament geschäftspolitischer Überzeugungen, über Jahrzehnte hinweg stabil und unverändert, gerät ins Wanken. »Oben« und »unten« in der Hierarchie sind keine unverrückbaren Fixpunkte mehr (jedes Zigarettenbürschchen soll plötzlich mitreden dürfen), Banken und Sparkassen beteiligen sich plötzlich wie jeder beliebige Markenartikler am Windhundrennen um die Kunden, »Berater« sollen sich benehmen wie Verkäufer, und das Schlimmste: Der Kunde soll doch *tatsächlich* König sein! Was seither als richtig empfunden wurde (und auch entsprechend honoriert wurde), soll nun in vielen Fällen plötzlich nicht mehr gelten.

Verbände, Beratungsunternehmen und Stabsabteilungen produzieren zwar kiloweise Konzepte, Positionspapiere und Fallstudien, bei der Lösung der im Tagesgeschäft auftretenden Probleme fühlen sich die Führungskräfte dann aber oft genug sich selbst überlassen. Dabei sind es meist nicht die harten Fakten, die bei der Umsetzung die größten Schwierigkeiten bereiten – es sind eher die »soft facts«, also die zwischenmenschlichen Aspekte: die Frage, wie z. B. mit Widerständen von seiten der Mitarbeiter umzugehen ist, warum tausend Gründe gefunden werden,

- warum etwas nicht geht,
- warum etwas noch nie gegangen ist,
- warum es *so* nicht geht und
- wer überhaupt erst noch welche Voraussetzungen zu schaffen hat, damit es *vielleicht* gehen könnte.

Führungskräfte, die Gefahr laufen, die Orientierung zu verlieren, die Unterstützung brauchen, aber nicht die Zeit haben, sich über einen längeren Zeitraum weiterzubilden, Informationen aufzunehmen und Erfahrungen zu sammeln, können sich über das Instrument des »Coaching« das notwendige Rüstzeug parallel zum Tagesgeschäft erwerben. Die nachfolgenden Ausführungen beleuchten einige grundsätzliche Aspekte des Coachings, man sollte aber immer berücksichtigen, daß die praktischen Erfahrungen so individuell ablaufen, daß eine generalisierende Darstellung fast unmöglich ist.

3.5.2 Bisher angewandte Lernformen in der Weiterbildung der Führungskräfte

Bei der Vermittlung von Managementqualifikationen geht man überwiegend den Weg über Seminare und Trainingseinheiten. Dies ist *eine* Möglichkeit, sich mit Führungsverhalten und Führungsinstrumenten auseinanderzusetzen. Die Erfahrungen in der Praxis zeigen jedoch, daß bei der Umsetzung im Führungsalltag immer wieder Probleme auftreten. Wesentliche Ursache dafür ist einerseits eine latente Selbstüberschätzung der Führungskäfte (im Gegensatz zum Fachwissen wird fehlendes oder unvollkommenes Führungswissen merkwürdigerweise geradezu als Makel empfunden und deshalb gerne verdrängt), andererseits aber auch am fehlenden Feedback seitens der betroffenen Mitarbeiter. Außerdem können natürlich auf einschlägigen Seminaren – neben der Vermittlung theoretischen Wissens – nur »Laborsituationen« dargestellt und trainiert werden, und in der Praxis laufen die Dinge dann meist doch ganz anders ab, als es in den trainierten Fallstudien vorgegeben war.

Deshalb sind Erfahrungsaustausch-Gruppen eine weitaus interessantere Möglichkeit der Führungskräfteentwicklung. Sie kommen jedoch nur selten zur Anwendung, weil in der Regel geeignete neutrale und sachkundige Ansprechpartner fehlen, die man »gefahrlos« um Rat fragen könnte. Man läuft Gefahr, seine eigenen Schwächen Dritten gegenüber offenkundig zu machen oder von ihnen auf eigene Schwächen hingewiesen zu werden. Und natürlich ist jeder Mensch bestrebt, schon aus Gründen notwendiger Selbstbestätigung, sein Gesicht zu wahren.

Außerdem ist bei dem immer härter werdenden Wettbewerb um Führungspositionen jeder Kollege (wie auch der unmittelbare Vorgesetzte) ein potentieller Konkurrent. Sich von dort Rat zu holen, bedeutet für viele Führungskräfte, sich durch Offenbarung der eigenen Inkompetenz angreifbar zu machen und damit »Schüsse aus dem Hinterhalt« geradezu herauszufordern.

Als eine relativ neue Form der Führungskräfteentwicklung findet das Coaching immer mehr Anhänger. Dieser aus dem anglo-amerikanischen Sprachbereich übernommene (und mit »Trainer« nur unzureichend übersetzte) Begriff beschreibt die im Hochleistungssport längst übliche Aufgabenstellung, neben der Sicherstellung fachlicher Qualifikationen vor allem die mentale Einstellung der Leistungsträger zu ihrer Aufgabe positiv zu beeinflussen und einen höchstmöglichen Leistungswillen bei der zu betreuenden Einzelperson oder Gruppe zu erzeugen. Der Coach ist damit Ansprechpartner nicht nur für die Lösung sachlicher Probleme, sondern auch für die Beseitigung *aller* leistungshemmenden Faktoren.

Allerdings, so wie der Coach im sportlichen Bereich nur vorhandene Potentiale fördern und entwickeln kann, werden auch vom betrieblichen Coaching keine Wunder erwartet werden können. Führungskräfte, die weder über die persönlichen Voraussetzungen verfügen noch den Willen zur Änderung ihrer Verhaltensweisen erkennen lassen, können auch durch Coaching nicht »verbessert« werden. Ihnen kann bestenfalls die Erkenntnis vermittelt werden, daß sie wahrscheinlich in einer Spezialistenfunktion ohne Führungsverantwortung erfolgreicher (und damit zufriedener) sein werden.

Coaching ist nach einer Definition von Böning/Fritschle (1991) »*ein relativ neues, partiell systemisches Vorgehen zur Unterstützung von Führungskräften und Unternehmen in den Bereichen Führungs-/Managementverhalten, Leistungssteigerung, persönliche Entwicklung, Konfliktsteuerung, Unternehmenskultur, Unternehmensentwicklung. Es handelt sich um eine Beratung unter dem Aspekt der Selbststeuerung der Teilnehmer mit dem Ziel, die Performance der Führungskräfte zu verbessern.*«

3.5.3 Anwendungsmöglichkeiten von Coaching

Für das Coaching bieten sich eine Reihe von verschiedenen Anwendungsfeldern an:

- **Unterstützung bei der Bewältigung aktueller geschäftspolitischer Aufgaben, vornehmlich im Bereich Führung und Steuerung**
  (Beispiel: Umsetzung von Absatzzielen)
- **Begleitung von Veränderungsprozessen**
  (Beispiel: neue Vertriebsstruktur)
- **Vorbereitung auf neue Aufgaben, z. B. Übernahme einer größeren Abteilung**
- **Unterstützung bei der Lösung von Konflikten**
- **Unterstützung beim Zeitmanagement bzw. Streßmanagement**

Weitere Einsatzmöglichkeiten richten sich jeweils nach den individuellen Bedürfnissen des Unternehmens.

3.5.4 Pro und Contra

In der Praxis wird heftig über das Für und Wider von Coaching diskutiert. Nachstehend einige der am häufigsten gebrauchten Argumente:

Pro	Contra
Forderungen nach mehr Qualität machen auch vor der Führungsebene nicht halt. Führungskräfte können und müssen besser werden.	Unterstützung ist ja schön und gut. Aber wie sieht es mit den Konsequenzen aus, wenn sich nichts ändert?
Die Beratung fördert neue Ideen und steigert die Motivation der Führungskraft.	Ist denn der Vorgesetzte nicht in der Lage, seine Führungskräfte zu unterstützen?
Wann erhält sonst eine Führungskraft Feedback?	Leistung ist auch mit anderen Mitteln meßbar.
Die Führungskraft kann auch mal ihr Herz ausschütten.	Geht Coaching nicht zu weit in die Intimsphäre hinein?

Abbildung 26

3.5.5 Anforderungen an den Coach

a) **Der Coach ist nicht der Problemlöser der Führungskraft.**
Ebenso wie der Tennis-Coach selbst keine Turniere bestreitet,
ist es nicht Aufgabe des Beraters, die Führungsgeschäfte zu
übernehmen.

b) **Der Coach gibt keine fachbezogenen Ratschläge.** Er begleitet nur den Führungsprozeß. Er gibt Denkanstöße; er hinter-
fragt, was die Führungskraft in einer bestimmten Situation
dazu bewogen hat, so und nicht anders zu handeln.

c) **Der Coach gibt Hilfe zur Selbsthilfe.** Coaching ist dann erfolgreich, wenn sich die Führungskraft selbst ihre Ziele setzt
und dafür auch die volle Verantwortung übernimmt.

d) **Der Coach ist kein Richter.** Er entscheidet nicht, was richtig
oder falsch ist. Er fragt vielmehr, welche Konsequenzen sich
aus der jeweiligen Entscheidung ergeben könnten.

e) **Der Coach ist ein guter Zuhörer.** Er »bügelt« nicht mit der
Menge und Kraft seiner Argumente nieder, sondern beobach-
tet unaufdringlich, hört zu, regt zum Nachdenken an.

f) **Der Coach wahrt die Vertraulichkeit.** Ohne ausdrückliche
Zustimmung der Führungskraft werden keine persönlichen
Informationen (auch nicht an die Geschäftsleitung) weiterge-
geben.

g) **Der Coach verfügt über hohe Sozialkompetenz.** Es versteht
sich von selbst, daß der Coach ein erfahrener und akzeptierter
Profi auf dem Gebiet der Führungs- und Personalentwicklung
ist. Psychologische Kenntnisse und Managementerfahrung
runden das Bild ab. Er muß kommunikativ veranlagt und in
der Lage sein, auf Personen vorurteilsfrei zugehen zu können.

3.5.6 Die weiteren Beteiligten und deren Rolle:

Die Geschäftsleitung als Auftraggeber. Die Einführung von
Coaching für Führungskräfte ist eine sehr weitreichende perso-
nalpolitische Entscheidung, die hinsichtlich ihrer Konsequenzen
sorgfältig abgewogen werden sollte. Sie verändert die Führungskultur maßgeblich und bedarf daher der uneingeschränkten Unterstützung der Geschäftsleitung. Insbesondere sind die Spielregeln sowie die Rollenverteilung im Coachingprozeß festzulegen.

Außerdem darf das Mitspracherecht der Personalvertretungsorgane nicht außer acht gelassen werden. Besonders erwähnt seien hier die Schutzmaßnahmen für die im Rahmen des Coaching betreuten Führungskräfte. Diese liegen beispielsweise in der absoluten Vertraulichkeit der über eine Person gewonnenen Erkenntnisse oder den für den Konfliktfall getroffenen Regelungen. Es ist von Anfang an darauf zu achten, daß durch eine möglichst breite und umfassende Informationspolitik keine Gerüchte oder Mißverständnisse entstehen, die das Coaching in Mißkredit bringen könnten.

Die Führungskraft. Oberstes Prinzip ist die Eigenverantwortlichkeit der Führungskraft für den gesamten Coaching-Prozeß. Damit ist gemeint, daß die Führungskraft selbst dafür verantwortlich ist, was sie durch das Coaching an ihrem Führungsverhalten ändert.

Eine wichtige Voraussetzung für eine erfolgversprechende Beratung ist eine hohe Eigenmotivation der Führungskraft. Dies setzt die Einsicht und die Bereitschaft voraus, sich weiterentwikkeln zu *wollen*. Ein »von oben« verordnetes Coaching ist zum Scheitern verurteilt!

Personalbereich. Der Personalbereich und insbesondere die Personalentwicklung müssen die Voraussetzungen dafür schaffen, daß Coaching zum integralen Bestandteil der Personalpolitik wird. Das bedeutet zum Beispiel, daß die im Coachingprozeß gewonnenen Erkenntnisse künftig bei Auswahlverfahren für Stellenbesetzungen Berücksichtigung finden.

Generellen Defiziten, die im Rahmen des Coaching festgestellt werden, muß durch geeignete Maßnahmen im Rahmen der Personalentwicklung des Gesamthauses begegnet werden. Wird beispielsweise ein durchgängiger Mangel an Anpassungsfähigkeit und Flexibilität festgestellt, sollte dem durch einen institutionalisierten systematischen Stellenwechsel (Job rotation) entgegengearbeitet werden.

Da der Coach normalerweise nur zu den vereinbarten Terminen zur Verfügung steht, ist eine interne Betreuung während und nach dem Coachingzeitraum wichtig. Die Aufgabe eines internen Betreuers aus dem Personalbereich besteht neben der Koordination von Terminen und Statussitzungen darin, ständigen Kontakt mit den betreuten Mitarbeitern zu halten, um bei Bedarf weitere

Maßnahmen einleiten zu können. Ansonsten besteht die Gefahr, daß sich Verhaltensänderungen nicht verfestigen, sondern mit der Zeit wieder der alte »Trott« einkehrt. Nur die enge Zusammenarbeit von externem Coach und Personalbereich ermöglicht eine Optimierung des gesamten Prozesses, da auf diese Weise internes Know-how mit den Erfahrungen des externen Beraters kombiniert wird.

3.5.7 Vorgehensweise im Coaching

Erster Schritt: Kontakt und Einstieg – Aufbau einer Arbeitsbeziehung. Voraussetzung für eine erfolgreiche Zusammenarbeit zwischen Coach und Führungskraft ist der Aufbau eines gegenseitigen Vertrauensverhältnisses. Daher sollten zu Beginn ausgiebige Möglichkeiten zum Kennenlernen geschaffen werden, beispielsweise im Rahmen eines Workshops, bei dem den Führungskräften ausführlich der Ablauf des gesamten Coaching-Prozesses dargestellt wird. Dabei werden Hintergrundinformationen angeboten und Details offengelegt. Durch möglichst weitgehenden und offenen Informationsaustausch kann am ehesten den Betroffenen die Angst vor Manipulation und unangemessenem Eingriff in ihren Verantwortungsbereich genommen werden.

Eine Möglichkeit, rasch und konkret in den Prozeß einzusteigen, ist die Durchführung einer Mitarbeiterbefragung. Über diese Befragung wird das Führungs- und Arbeitsklima in der betreffenden Organisationseinheit festgestellt und bietet damit Informationen zur Erstellung eines Stärken/Schwächen-Profils. Als weitere Alternative kann auch ein »Führungsbarometer« in Form einer Führungskräftebeurteilung ermittelt werden. Darin werden die der Führungskraft unterstellten Mitarbeiter befragt, wie sie ihre Führungskraft zu bestimmten Kriterien einschätzen. (Siehe auch die Anmerkungen zum Thema »Beurteilung der Führungskräfte«, Kapitel 3.3).

Ziel der ersten Phase sollte auf jeden Fall die Schaffung einer für beide Partner akzeptablen Beziehungs- und Arbeitsgrundlage sein.

Zweiter Schritt: Definition des Problems – Diagnose. Die bereits genannte Mitarbeiterbefragung stellt ein Art Diagnose dar, bei der herausgearbeitet wird, welche Faktoren dem Erreichen der Ziele im Wege stehen bzw. welche dieses begünstigen. Aufgabe des Beraters ist es dann, zu ergründen, wie die Führungskraft fühlt, denkt, handelt und die Dinge sieht. Nur durch eine sorgfältige gemeinsame Analyse des Ist-Zustandes kann der Handlungsbedarf erkannt und konkretisiert werden.

Dritter Schritt: Zielsetzung und Vorgehenspläne. Nachdem die Führungskraft ein Gefühl dafür entwickelt hat, wo sie selbst steht und welche Probleme zu lösen sind, können die Ziele festgelegt werden, die die Führungskraft erreichen will. Dabei sind kurzfristig und ohne fremde Hilfe realisierbare Ziele den mittelfristigen Zielen vorzuziehen. Die Führungskraft sollte möglichst schnell erste Erfolgserlebnisse haben, um sich zu motivieren. Eine schriftliche Fixierung der Ziele und des Aktionsplanes schafft hierbei die notwendige Verbindlichkeit. Aktionspläne sollten

- unmittelbar umgesetzt werden können,
- einfach genug sein, um Erfolgserlebnisse zu vermitteln,
- meßbar sein,
- Zwischenziele enthalten,
- Termine enthalten.

Ebenso sollte klargestellt werden, welche Themen oder Problemkreise tabu sind und nicht in den Lösungsprozeß eingehen.

Vierter Schritt: Durchführung und Erfolgskontrolle. Die vierte Phase ist die »Stunde der Wahrheit«. Hier liegt die Hauptaufgabe des Beraters darin, zur Weiterentwicklung der Fertigkeiten für ein erfolgreiches Handeln der Führungskraft beizutragen. In mehreren Sitzungen wird die Arbeit ausgewertet und das Ergebnis mit der Führungskraft diskutiert. Unter Umständen kann es hilfreich sein, zwischendurch eine Sitzung mit den entsprechenden Mitarbeitern einzuberufen, auf der über den bisherigen Fortschritt nachgedacht wird. Feedback zu vermitteln ist jedoch nur dann sinnvoll, wenn es unmittelbar dazu benutzt wird, Ziele zu überprüfen, Aktionspläne zu revidieren und möglicherweise Dritte hinzuzuziehen.

Fünfter Schritt: Sicherung der Kontinuität. Eines der größten Probleme vieler Veränderungsprozesse liegt darin, daß kurzfristig erreichte Verbesserungen langfristig oft durch Rückgriff auf alte Verhaltensmuster zunichte gemacht werden oder daß sie Gegenreaktionen hervorrufen. Es muß daher ein Maßnahmenplan entwickelt werden, um die Kontinuität des Veränderungsprozesses zu sichern. Dies könnte beispielsweise in der Form geschehen, daß der Berater einen oder mehrere qualifizierte Mitarbeiter dahingehend trainiert, die Aufgabe der »Nachbetreuung« zu übernehmen. Oder daß einmal im Jahr ein Erfahrungsaustausch zwischen dem Berater und »seinen« Führungskräften stattfindet.

3.5.8 Perspektive: Gruppen-Coaching

Das Einzel-Coaching ist eine kostenintensive, individuelle und längerfristig angelegte Weiterbildungsmaßnahme. Daher ist es kaum möglich, Coaching durch einen externen Berater für alle Führungskräfte einer Bank durchzuführen. Coaching sollte daher auf Schlüsselpersonen eines Unternehmens konzentriert werden. Um jedoch bei umfangreicheren Veränderungsvorhaben rasche Fortschritte erzielen zu können, müssen möglichst viele Führungskräfte in den Prozeß eingebunden werden. Dabei bietet sich eine Kombination von Einzel- und Gruppen-Coaching an. Hintergrund dieser Überlegung ist die Erkenntnis, daß bei den Führungskräften oft gleichartige Probleme vorliegen, deren Lösung auch in Kleingruppen erarbeitet werden könnte. Während der Umsetzungsphase kann dann – formell oder informell – ein Erfahrungsaustausch und eine gegenseitige Beratung stattfinden. Diese Vorgehensweise fördert das Wir-Gefühl und kann erheblich zu einer Verbesserung des Gruppenklimas unter den Führungskräften beitragen.

Die Vorgehensweise im Gruppen-Coaching ist im Wesentlichen dieselbe wie im Einzel-Coaching.

3.5.9 Zusammenfassung

Die gestiegenen Anforderungen an die Führungskräfte sind ohne gezielte und arbeitsplatznahe Unterstützung nur sehr schwer zu bewältigen. Hierzu einen externen Berater zu engagieren ist im Grundsatz nichts Neues. Schon oft haben externe Berater Unternehmen bei der Lösung komplexer Fragestellungen, wie z. B. der

Einführung neuer Technologien, begleitet. Coaching bietet neben der eigenen, ganzheitlichen persönlichen Weiterentwicklung die Chance, positive Erfahrungen in die eigene Führungsarbeit einfließen zu lassen und den Mitarbeitern ebenfalls als Coach zur Seite zu stehen.

Coaching ist kein »Lösungsmittel« für jedes denkbare Personalproblem im Führungsbereich. Ein Coach kann nicht die persönlichen Probleme der Führungskraft lösen. Und er kann erst recht nicht die Verantwortung für sachliche, wirtschaftliche oder administrative Probleme im Verantwortungsbereich der Führungskraft übernehmen. Er ist kein Organisationsberater, sondern führungspsychologischer Betreuer.

Allerdings, manchmal wird es auch ihm gehen wie den Trainern der Fußball-Bundesliga. Wenn »seine« Führungskräfte nicht mehr »ins Tor treffen«, wird man natürlich ihn (und nur ihn) dafür verantwortlich machen und feuern.

Da Coaching eine relativ kostenintensive Investition in die personellen Ressourcen des Unternehmens bedeutet, sollte diese Personalentwicklungsmaßnahme in erster Linie den Leistungsträgern in Schlüsselpositionen angeboten werden.

3.6 Training am Arbeitsplatz (TaA)

Wir alle kennen den Effekt, der eintritt, wenn ein Mitarbeiter nach Besuch eines Seminars an seinen Arbeitsplatz zurückkehrt. Hoch motiviert und begierig, das Gelernte in die Tat umzusetzen, verfängt er sich nach kürzester Zeit in den Niederungen des Tagesgeschäfts und bekommt die Unterschiede zwischen Theorie und Praxis so augenfällig demonstriert, daß er nach kurzer Zeit resigniert und wieder in seine gewohnte Routine zurückfällt.

Insbesondere bei verhaltensorientierten Seminaren (z. B. Verkaufstrainings) fällt es sehr schwer, ohne »Nachsorge« und weitergehende Unterstützung neue Verhaltensweisen einzuüben. Daraus aber nun zu schließen, Trainings im Rahmen von Seminaren würden nichts bringen, wäre verfehlt. Sie haben den Vorteil, daß

● die Teilnehmer nicht nur vom Fachwissen des Referenten, sondern auch von den Erfahrungen der Kollegen profitieren können,

154

- mehreren Teilnehmern gleichzeitig bestimmte Inhalte (z. B. Verhalten bei Reklamationen) vermittelt werden,
- Trainingssituationen ohne den Streß des Ernstfalls geübt werden,
- die Kosten pro Teilnehmer relativ gering sind.

Dennoch, der immer wieder genannte Einwand, daß Seminare zu theorieorientiert sind, daß in der Praxis eben doch alles anders läuft und daß z. B. Rollenspiele als »Trockenübungen« und »Sandkastenspiele« so gut wie nie die Realität des Tagesgeschäfts widerspiegeln, verhindert häufig genug, daß sich die Teilnehmer mit den Seminarinhalten identifizieren.

Es müssen daher Wege gesucht werden, die sowohl das Transferproblem lösen als auch ein ausgewogenes Kosten-Nutzen-Verhältnis sicherstellen. Ein Lösungsansatz hierfür ist das Training am Arbeitsplatz (TaA).

TaA ist eine spezielle Trainingsmethode, die zwischen einem Trainer und einem Mitarbeiter an dessen Arbeitsplatz und in realen Kundensituationen stattfindet. Wir unterscheiden generell zwei Formen:
1. TaA als Ergänzung einer Fortbildungsmaßnahme bzw. eines Seminars,
2. TaA anstelle eines Seminars, z. B. im Rahmen der Einführung neuer Angebote an die Kunden.

Über ein zentrales Verkaufstraining kann den Mitarbeitern eine solide theoretische Ausbildung in verkäuferischem Denken und Handeln vermittelt werden. Allerdings – aufgrund der persönlichen und fachlichen Unterschiede in der Zusammensetzung der Teilnehmer wie deren Eingangsvoraussetzungen und jeweiliges Arbeitsumfeld können in einem Seminar nur bedingt
- individuelle Verhaltensweisen bzw. die inneren Einstellungen der im Vertrieb stehenden Mitarbeiter erkannt und verändert,
- die örtlichen Gegebenheiten und der jeweilige Betriebsablauf berücksichtigt,
- auf die besonderen (Kunden-)Strukturen und/oder räumlichen Bedingungen eingegangen und
- bedarfsgerechtes Verhalten und Verkaufen in akuten Situationen behandelt werden.

Durch TaA werden die Inhalte und Erkenntnisse zentraler Verkaufsschulungen in die Praxis übernommen, erweitert und verstärkt. Die Hauptzielsetzung dabei ist, Lerninhalte an den Arbeitsplatz zu transferieren, um das erwünschte Verkaufsverhalten unter Berücksichtigung der individuellen Stärken und persönlichen Merkmale des Beraters möglichst wirkungsvoll umzusetzen.

- Der Mitarbeiter reflektiert sein Verkaufsverhalten im Gespräch mit dem Trainer und erfährt dadurch seine Stärken und Schwächen.

- Er kann nach der TaA-Maßnahme die besprochenen Impulse in seinen Beratungen berücksichtigen, einüben und sie bei einer Folgemaßnahme »unter Beweis stellen«.

- TaA gibt dem Mitarbeiter eine motivierende Standortbestimmung über sein Verhalten in konkreten Beratungs- und Verkaufsgesprächen. Es zeigt auf (und führt vor), wie durch die gezielte Entwicklung bestimmter Verhaltensmuster mehr Erfolg und Zufriedenheit nicht nur bei den Kunden, sondern auch beim Mitarbeiter erreicht werden können.

3.6.1 Voraussetzungen für eine erfolgversprechende Einführung

Qualitäts-Standards in der Kundenberatung erarbeiten. Die Qualität eines Beratungsgespräches wird ausschließlich vom Verhalten des Mitarbeiters bestimmt. Testkäufe, ob intern oder durch externe Organisationen, belegen immer wieder ein außerordentlich starkes Gefälle in der Beratungsleistung der Bankmitarbeiter. So stellt das Hamburger »Institut für Finanzdienstleistungen und Verbraucherschutz« in seinem bereits zitierten Gutachten[40] zur Beratungsqualität von Banken fest: »*Nur wenige Institute vermitteln ein einheitliches Bild ihrer Beratungsleistung. Den meisten scheint es nicht zu gelingen, einheitliche Qualitätsstandards in der Beratung durchzusetzen*« und weiter: »*Würde es den Banken und Sparkassen gelingen, den Qualitätsstandard der besten 10–20 % der geprüften Beratungen durchzusetzen, würde die Kundenzufriedenheit stark steigen.*« **Die Sicherung einer einheitlichen hohen Beratungsqualität wird zukünftig für Image**

---

[40] Jan Evers: Beratungsqualität von Banken, Hamburg 1995

und Marktstellung einer Bank oder Sparkasse von existentieller Bedeutung werden. Es ist daher unerlässlich, Standards zu definieren, die den Mitarbeitern aufzeigen, wie sie sich in bestimmten Situationen verhalten sollen und welche fachlichen Aspekte in der Beratung zu berücksichtigen sind. Sie werden abgeleitet aus der konkreten Lebenssituation der Kunden, ihren Erwartungen und den geschäftspolitischen Zielen des Hauses. Bevor in ein Training am Arbeitsplatz eingestiegen werden kann, sind diese Standards als Mindestanforderungen verbindlich festzulegen.

Vertraulichkeit und Freiwilligkeit. TaA ist eine sehr sensible Vorgehensweise, die voraussetzt, daß es gelingt, ein Vertrauensverhältnis zwischen Trainer und Mitarbeiter aufzubauen. Sie kann daher nicht befohlen werden, sondern nur in gegenseitigem Einvernehmen stattfinden. Sie erfordert von den Trainern ein hohes Maß an Respekt und Empathie gegenüber den zu unterstützenden Mitarbeitern. Folgende Punkte sind dabei unerläßlich:

- Eingesetzte Checklisten und alle sonstigen Aufzeichnungen bleiben nach der Rückmeldung beim jeweiligen Mitarbeiter, der sie zur nächsten Trainingseinheit bereithält.
- Über Vereinbarungen und Absprachen zwischen Mitarbeiter und Trainer werden an Dritte keine Auskünfte gegeben.
- Auch im Schlußgespräch mit dem entsprechenden Vorgesetzten (Filialleiter/Filialdirektor) wird lediglich über das Prozedere, nicht (bzw. nur auf ausdrücklichen Wunsch des Mitarbeiters) über Inhalte reflektiert.

Kompetenz des Trainers. Von der Person des Trainers, seiner Integrität, seinem fachlichen Können und natürlich von seiner uneingeschränkten Akzeptanz durch den Mitarbeiter hängt der Erfolg des Trainings ab. Deshalb muß bei seiner Auswahl (und nicht nur, wenn es sich um einen Externen handelt), auf die Erfüllung folgender Anforderungen besonderer Wert gelegt werden:

- Er verfügt über eine entsprechende Verkaufserfahrung.
- Er ist flexibel, einfallsreich, kann sich in unterschiedliche Situationen einfühlen und ist nicht auf die Einhaltung vorgestanzter Routinen fixiert.

	Darin bin ich gut		Reserven, an denen ich arbeiten möchte		

Ich gehe auf den Kunden zu, grüße ihn und frage nach seinem Wunsch.

– stelle mich vor und spreche auch den Kunden mit Namen an

– führe den Kunden zum Beraterplatz

– drücke durch meine Körperhaltung aus, daß ich für ihn da bin

– spreche eventuell ein geeignetes Kontaktthema an

– signalisiere, daß ich einige Angaben brauche, um ihn individuell beraten zu können (z. B. „damit ich Ihnen ein konkretes Angebot machen kann, beantworten Sie mir bitte . . . .")

– versetze mich in die Lage des Kunden und frage gezielt nach seinen Vorstellungen

– begründe bei Fragen, die für den Kunden nicht in Zusammenhang mit der Beratung stehen, weshalb ich frage

– höre genau zu und lasse den Kunden ausreden

– notiere wesentliche Informationen nebenbei (im Hinblick auf Kundenwunsch und zusätzliche Angebote)

– danke für die Information und fasse zusammen

– formuliere mein Angebot entsprechend dem Kenntnisstand des Kunden und spreche im Sie-Stil

– begründe, weshalb ich gerade dieses Angebot empfehle, indem ich auf die Aussagen des Kunden aus der I-Phase aufbaue

– frage den Kunden, wie ihm mein Angebot gefällt und halte so den Dialog aufrecht (Kontrollfragen)

– verstärke meine Argumente, indem ich Prospekte, Schaubilder etc. einsetze und/oder individuelle Rechenbeispiele und Notizen mache

Abbildung 27   Auszug aus einer Check-Liste »Beratungsgespräch« nach J. Kurzrock

- Er wirkt gelassen und natürlich und besitzt die Fähigkeit, Konflikte zu meistern.
- Er kann motivieren und Mitarbeiter für ein Ziel begeistern.

3.6.2 Praktische Umsetzung

Vor Einleitung der Realisierungsphase ist eine Konzeption zu erstellen, die Antworten auf alle zur endgültigen Beschlußfassung durch die Unternehmensleitung relevanten Fragen klärt. Der nachstehende Fragenkatalog nennt beispielhaft die wichtigsten Aspekte:

Zielsetzung	Welche personalpolitischen Ziele werden mit der Einführung von TaA verfolgt?
	– *Unterstützung von Verkaufssteigerungsprogrammen*
	– *Einführung neuer Vertriebsmaßnahmen*
	– *Unterstützung bei TQM*
	– *Erreichung der Absatzziele*
Zielgruppen	Für welche Mitarbeiter-Zielgruppe soll TaA angeboten werden?
	Sollen Einzelpersonen oder Gruppen trainiert werden?
Trainer	Stehen ausreichende Trainerkapazitäten zur Verfügung?
	Können kurzfristig nebenamtliche Trainer ausgebildet werden?
	Welche Vorteile bieten externe Trainer?
Teilnahme-Voraussetzungen	Welche Vorkenntnisse sind erforderlich?
	Welche Praxiserfahrung ist vorauszusetzen?
	Welche Seminare müssen vorgeschaltet werden?
Information	In welcher Form werden Führungskräfte und Mitarbeiter informiert?
	Wo und durch wen finden die Informationen statt?
Personalvertretung	Welche Bedenken gibt es, wie können sie ausgeräumt werden?
Pilotphase	Mit welchen Teilnehmern soll gestartet werden, wie lange soll die Pilotphase dauern?
	Welche Erfahrungen wurden in der Pilotphase gemacht, was ist zu ändern?
Budget	Wie hoch sind die Kosten?

Abbildung 28   Fragenkatalog zur Erstellung eines TaA-Einführungskonzeptes

Beispiel: Die Filialdirektoren bestellen – in Absprache mit den betroffenen Filialleitern – für die Filiale/Geschäftsstelle X bei der Personalentwicklung TaA.

● Der Trainer bespricht darauf mit dem FilLtr/GSLtr die Vorbereitung und Gestaltung sowie spezifische Ziele und Erwartungen.

● Am Vorabend des ersten TaA stellt sich der Trainer den Mitarbeitern der Filiale vor und informiert über Ablauf und Vorgehensweise (nach Schalterschluß in ca. 20 Minuten).

● Die erste TaA-Maßnahme bei einer Filiale (ca. 5 Mitarbeiter) er-
streckt sich über zwei aufeinanderfolgende Tage und läuft wie
folgt ab:

– Beobachtung/Wahrnehmung des Geschehens (Akklimatisierung
und Einstimmung in die Besonderheiten der Filiale).

– Vorgespräch mit jedem Mitarbeiter über Vorgehen und Ziel.

– beobachtende Teilnahme an möglichst vielen Kundenberatun-
gen über ca. $1/2$ Tag.

– Rückmeldung (Feedback) zu den Beobachtungen und Festlegen
der Trainingsschwerpunkte anhand von Checklisten.

– Vereinbarungen für die nächste Trainingseinheit.

---

1. Analyse der Situation/Vorbereitung des Trainers

　● Zu welchen Ergebnissen führte eine allgemeine Trainingsbedarfsermittlung
　　(im Unternehmen bzw. in dieser Geschäftsstelle/Abteilung)?
　● Welche Ziele verfolgt der Vorgesetzte?
　● Welche Ziele verfolgt der Mitarbeiter?
　● Wie ist die Atmosphäre im Umfeld des Trainings?
　● Müssen thematisch noch Vorbereitungen getroffen werden?
　● Welche Hilfsmittel werden benötigt?
　● Was gilt es sonst noch im Umfeld dieses Trainings zu berücksichtigen?

2. Vorgespräch mit dem Vorgesetzten

　● Information des Vorgesetzten über Ablauf und Rahmenbedingungen von TaA.
　● Wie ist die Einstellung zu TaA?
　● Wie wurde der Mitarbeiter auf das Training vorbereitet?
　● Sind die übrigen Mitarbeiter der Geschäftsstelle/Abteilung informiert?
　● Welche Ziele und Wünsche bestehen für diese Trainingseinheit?
　● Welche Wünsche gibt es an den Trainer?
　● Wurden die Ziele des Vorgesetzten mit dem Mitarbeiter vorbesprochen?

3. Vorgespräch mit dem Mitarbeiter

　● Kontakt und Atmosphäre schaffen.
　● Vertraulichkeit zusichern.
　● Wie ist die persönliche Einstellung zu TaA?
　● Die Aufgaben des Trainers und ggf. die Grenzen seiner Tätigkeit ansprechen.
　● Ziele und Wünsche des Vorgesetzten (nochmals) ansprechen.
　● Ziele des Mitarbeiters erfragen

- Den Trainingsablauf strukturieren (Vorgehensweise besprechen, Zeitbedarf festlegen).
- Ggf. Wissenslücken des Mitarbeiters schließen.
- Fragen des Mitarbeiters beantworten.
- Welche Kundensituation wird im Gespräch erwartet?
- Wer ist/sind der/die Kunden?

4. Gespräch zwischen Mitarbeiter und Kunde

- Trainer ist grundsätzlich in der Rolle des Beobachters und greift nur in begründeten Ausnahmefällen in das Gesprächsgeschehen ein.
- Um unnötigen Leerlauf z. B. bei kurzfristiger Absage eines Gesprächstermins zu vermeiden oder zu Übungszwecken für eine spezielle Situation kann der Trainer vorübergehend selbst die Kundenrolle wahrnehmen (Simulation).

5. Auswertungsgespräch mit dem Mitarbeiter

- Was waren die Ziele für das Gespräch? Wurden sie erreicht?
- Was lief gut? Was weniger gut?
- Wie wäre es anders denkbar gewesen?
- Wie hat der Kunde das Gespräch vermutlich erlebt?
- Beobachtungspunkte und Anregungen des Trainers
- Was soll beibehalten, was künftig verändert werden?
- Welche neuen, veränderten Ziele ergeben sich aus diesem Training?
- Welcher Eindruck entstand beim Mitarbeiter über den Verlauf des Trainings?

6. Nachbereitungsgespräch zwischen Trainer und Vorgesetztem

- Oberster Grundsatz: Wahrung der Vertraulichkeit.
- Allgemeine Aussagen zum Trainingsverlauf und zum Grad der Zielerreichung.
- Weiterer Fortbildungsbedarf, ggf. mit konkreten Vorschlägen.
- Welche konkreten Probleme, Schwächen sollten noch abgebaut werden? (Dem Vorgesetzten evtl. Vorschläge zur Unterstützung des MA unterbreiten).
- Allgemeine Beobachtungen von Bedeutung, die während der Anwesenheit in der GS/Abteilung gemacht wurden, mitteilen.
- Sind neue Termine zu vereinbaren? (Für weiteres TaA, für ein telefonisches Nachbearbeitungsgespräch)

7. Nachbearbeitungsgespräch zwischen Vorgesetztem und Mitarbeiter

- Wie war der Ablauf?
- Welche konkreten Erkenntnisse und Erfahrungen haben sich für den Mitarbeiter ergeben?
- Wie kann der Vorgesetzte den Mitarbeiter bei der Verfolgung seiner Ziele unterstützen?
- Welche anderen Personen oder Hilfsmittel könnten den Mitarbeiter unterstützen?
- Wie wird das Verhalten des Trainers vom Mitarbeiter beurteilt?

Quelle: R. Broda

Abbildung 29   Checkliste zur Vorbereitung und Durchführung von TaA

3.6.3 Erfahrungen aus der Praxis

Der nachstehende Erfahrungsbericht eines Trainers (J. Kurzrock, BDVT) zeigt einige typische Erkenntnisse aus der Praxis:

Reaktion der Mitarbeiter:

- Positive Annahme dieser Trainingsform und selbstkritische Aufnahme der Rückmeldung bei denjenigen, die für sich TaA wünschten.
- Anfängliche Skepsis, mitunter leichte Aggression (Übersprungshandlungen), vermutlich aus Unsicherheit über die Vorgehensweise.
- Im Verlauf mit zunehmendem Vertrauen steigert sich bei vielen Tn der Wille, die Trainingsvereinbarungen umzusetzen, das vereinbarte Verhalten zu zeigen und die entsprechende Rückmeldung zu »kassieren«.

(Verkäuferische) Schwerpunkte bei TaA:

- Die aktionsgebundenen Verkaufsgespräche sind durchweg individuell vom Persönlichkeitsmuster der Berater/innen gekennzeichnet, und demnach sind auch die Trainingsansätze, z.B.: *Konzentration auf den anwesenden Kunden ohne Ablenkung auf das restliche Geschehen in der Filiale, Einsatz von Verkaufshilfen/Notizen, zu knappe Bedarfsabklärung, doppelte/dreifache Argumentation (Überverkauf) bis ins letzte Detail einschließlich aller Eventualitäten, unnötige Konditionenrechtfertigung, Überhören von weiteren Beratungssignalen, zu schnelle Beendigung des Gesprächs, dadurch Verpassen von Zusatzverkäufen...*
- Bei TaA im Rahmen von Verkaufsförderungen und besonders bei ungewohnten (weil neuen) Angeboten waren bei nahezu allen Verkäufern Unsicherheiten zu spüren. Diese rührten einerseits vom mangelnden Selbstvertrauen her bzw. von einem übersteigerten Ehrgeiz (*...wenn ich den richtigen Tarif nicht gleich finde..., ...wenn der Kunde schwierige Fragen stellt und ich (zu oft) passen muß...,* andererseits von einer mangelnden Identifikation mit den Identifikationsprodukten (*Versicherungen verkaufe ich nicht so gerne, das Produkt X würde ich selbst auch nicht nutzen...*). Bis jedoch diese eigentlichen Gründe herausgefiltert sind, müssen oft eine Reihe anderer Abwehrmechanismen ausgeräumt werden (*z. Zt. zu viel Bearbeitung, die Kunden möchten nicht so oft angesprochen werden*). Dies ist sehr zeitintensiv und fordert vom Trainer ein hohes Maß an sensitiver Kommunikationskunst.

Die nachhaltige Wirkung von TaA

- Bei zeitversetzten Folgetrainings (Check-up) waren erfreulicherweise immer einige der erwünschten verkäuferischen Verhaltensweisen bei den Beratern erkennbar verinnerlicht. *Manche eher negative Verhaltensweisen, die teilweise den persönlichen Eigenarten zuzuordnen sind, können durch TaA wohl nicht behoben werden.* Trainer und Vorgesetzte tun gut daran, sich auch mit nur kleinen Erfolgen zufrieden zu geben. Trainings, welcher Art auch immer, haben nicht zum Ziel, Menschen zu verändern oder gar zu normieren. Dies mußte einigen Vorgesetzten bei der Schlußbesprechung mitunter verdeutlicht werden, die sich aus TaA immer noch mehr versprechen wollten.

3.7 Organisation der Teamarbeit

3.7.1 Voraussetzungen für erfolgreiche Teams

Zwei Faktoren, die zueinander in wechselseitiger Beziehung stehen, sind vor allem für eine effiziente Zusammenarbeit innerhalb von Gruppen unterschiedlicher Größe maßgebend:
1. **Die Beziehungsebene.**
2. **Die Ebene der Aufgaben und Geschäftsprozesse.**

Echte Teamarbeit entwickelt sich nur dann, wenn beide Ebenen aufeinander abgestimmt und zu einer wirkungsvollen, sich gegenseitig ergänzenden Kombination zusammengeführt werden.

1. Die Beziehungsebene. Die unterste Entwicklungsstufe auf der Beziehungsebene einer Gruppe ist durch Anpassung und Unterordnung der einzelnen Gruppenmitglieder gegenüber dem Vorgesetzten gekennzeichnet. Die Mitarbeiter sind vom »Chef« abhängig – ohne ihn oder gegen ihn läuft nichts! Die Arbeit wird zugeteilt, und Entscheidungen werden vordringlich nicht nach sachlichen Gesichtspunkten, sondern nach hierarchischen Denkmustern getroffen. Ausschließlich die persönliche Präferenz der Führungskraft entscheidet über die Rangfolge in der Gruppe, deren Mitglieder, übervorsichtig und peinlich genau auf die Einhaltung des »Geschäftsgangs« bedacht, in erster Linie das Ziel verfolgen, nichts falsch zu machen und nicht in »Ungnade« zu fallen. Die Folge daraus: Die Mitarbeiter verlieren das Interesse an ihrer Arbeit, werden antriebslos und phlegmatisch, sie »tauchen ab«.

Ob die nächste Stufe erreicht wird, ist ausschließlich von der Wandlungs- und Einsichtsfähigkeit der Führungskraft abhängig. Sie muß sich nämlich darüber klar werden, ob sie *tatsächlich* ihre bisherige Machtposition aufgeben *will*, um im Rahmen teamorientierter Führung eine zunächst einmal ungleich schwierigere und aufreibendere Moderatorenfunktion zu übernehmen. Unter anderem auch mit der Konsequenz, daß sie nicht mehr nur kraft Amtes Anweisungen erteilen und deren Einhaltung überwachen kann, sondern daß sie am Ende dieses Entwicklungsprozesses durch einerseits konsequentes und zielgerichtetes, andererseits aber auch behutsames, die Belange der Mitarbeiter berücksich-

163

tigendes Einwirken auf das Team den Prozeß der Zielerreichung zwar nur noch mittelbar beeinflussen kann, andererseits aber **in vollem Umfange mitverantworten** muß.

Dies setzt ein hohes Maß an Wandelbarkeit, Kritikfähigkeit, menschlicher Reife und persönlichem Engagement voraus und kann sicherlich – auch nach zahlreichen Schulungen – nicht von jeder Führungskraft verinnerlicht werden. Führungskräfte, die diesen Weg nicht mitgehen können oder mitgehen wollen, die ihre Arbeitszufriedenheit mehr aus dem Genuß der Insignien ihrer Macht (von der persönlichen Sekretärin bis zum Privatschlüssel zur Direktionstoilette) als aus der partnerschaftlichen Zusammenarbeit mit ihren Mitarbeitern herleiten, werden niemals in der Lage sein, Teams erfolgreich zu führen. Sie dazu zu zwingen, wäre kontraproduktiv, da weder für sie noch für die Mitarbeiter (noch für die Bank) daraus ein Nutzen entstünde.

Eine Führungskraft, die die Führung eines Teams übernimmt, muß zunächst einmal versuchen, Klarheit in die Beziehungen der Gruppenmitglieder untereinander zu bringen, bevor sie beginnen kann, diese über die Einleitung gruppendynamischer Prozesse zu harmonisieren. Die Fragen

- Herrscht in der Gruppe eine lockere und fröhliche Atmosphäre?
- Wird über Arbeitsziele gesprochen?
- Weiß jeder genau, wofür er verantwortlich ist?
- Werden untereinander getroffene Vereinbarungen eingehalten?
- Werden Probleme offen angesprochen?
- Werden untereinander Anregungen ausgetauscht und Verbesserungsvorschläge gemacht?
- Werden Kollegen mit anderen Standpunkten ernstgenommen?
- Hilft man sich gegenseitig oder herrscht Konkurrenzkampf?

vermitteln dabei erste Erkenntnisse. Zur Feststellung des informellen Rangs, den jedes Gruppenmitglied innerhalb der Gruppe einnimmt, empfiehlt es sich, durch eine schriftliche Befragung dessen positive und negative Beziehungen zu anderen Gruppenmitgliedern zu ermitteln (siehe auch Teil 1, Abschn. 2.3.2). Die Ergebnisse werden in einer Matrix dargestellt, die einen recht guten Aufschluß darüber ermöglicht,

- ob ein Mitglied in die Gruppe integriert ist oder nur eine Außenseiterfunktion wahrnimmt,

- wie beliebt oder unbeliebt ein einzelnes Gruppenmitglied ist und
- wie stark seine sozialen Kontakte innerhalb der Gruppe ausgeprägt sind.

Die Führungskraft kann auf diesem Wege feststellen, ob ihre eigene Einschätzung über die Sozialkompetenz und die Rolle der Mitarbeiter in ihrem Umfeld zutrifft, und sie kann in der Folge gemeinsam mit den einzelnen Mitarbeitern Strategien entwickkeln, die gegebenenfalls ihren Stellenwert (und als Folge daraus ihr Selbstwertgefühl und ihre Arbeitszufriedenheit) im Team – und damit die Arbeit des gesamten Teams – positiv beeinflussen.

Mitarbeiter	Nr.	1	2	3	4	5	6	7	8	9	10	erhaltene Stimmen:		
												pos.	neg.	ges.
Albrecht	1		+		+	+			+	+		5	0	5
Bader	2	+		+		+	+	+	+	+	+	8	0	8
Conrad	3	+	−			−	+					2	2	4
Dürr	4									+	+	2	0	2
Engel	5	−	+		−		+	+	+			4	2	6
Frank	6		+	+				+	+	−		4	1	5
Gebhard	7	−	+	−		−			−			1	4	5
Huber	8	−	+	+	−	+	+	+			+	6	2	8
Irion	9	+	+	+		+	+	+	+		−	7	1	8
Jänner	10	+	+		+	−	+	+	+	+		7	1	8
abgegebene Stimmen:	pos.	4	7	4	1	4	7	5	5	5	4			
	neg.	3	1	1	2	2	1	0	0	1	2			
	ges.	7	8	5	3	6	8	5	5	6	6			

Abbildung 30 Beispiel eines vereinfachten Soziogramms

In kleinen Teams bietet sich zusätzlich noch die Alternative an, die Beziehungen untereinander im Rahmen einer Gruppengespräches zu thematisieren. Das ist jedoch nicht ganz ungefährlich, da es dabei zu offenen Konflikten kommen kann, die sich nicht mehr so ohne weiteres »unter den Teppich kehren« lassen. Wenn dann der Teamleiter nicht über natürliche Autorität, Erfahrung und ausgeprägtes psychologisches Einfühlungsvermögen verfügt, kann das Offenlegen und Austragen dieser Konflikte leicht zum endgültigen Auseinanderbrechen der Gruppe führen.

Es muß natürlich auch darüber gesprochen werden, welche Konsequenzen zu ziehen sind, falls ein Gruppenmitglied dauerhaft nicht das erforderliche Leistungsniveau halten kann oder wenn es nicht bereit ist, sich an die gemeinsam verabredeten Spielregeln zu halten. Und – es darf auch nicht den geringsten Zweifel daran geben, daß ein Team nicht die geeignete Plattform für Ego-trips und persönliche Auseinandersetzungen darstellt.

Die nächste Entwicklungsstufe ist erreicht, wenn sich die Gruppe »eingeschliffen« hat und eine partnerschaftliche Form der Zusammenarbeit gefunden wurde. Diese ist geprägt durch offene Kommunikation (jeder sagt spontan und unbefangen seine Meinung), Ehrgeiz in der Zielerreichung und gegenseitige Untersützung ohne ängstlichem Beharren auf eigene Zuständigkeiten. Formale Gesichtspunkte treten in den Hintergund, gemeinsame private Aktivitäten nehmen zu und vermischen sich teilweise mit der Diskussion sachlicher und fachlicher Probleme.

Zu diesem Zeitpunkt gewinnt die Arbeit der Gruppe an Eigendynamik, und der Teamleiter kann sich darauf beschränken, dem Team optimale Arbeitsbedingungen zu sichern und dessen Arbeit nach außen zu »verkaufen«.

2. Die Ebene der Aufgaben und Geschäftsprozesse. Der zweite für den Erfolg einer Gruppe bedeutsame Faktor ist die Aufgabenstruktur und die Ablauforganisation. Auch hier kann man unterschiedliche Phasen feststellen:

Die erste Entwicklungsstufe ist durch eine Mischung aus Formalismus und Improvisation gekennzeichnet. Es bestehen keine klaren Strukturen, jeder ist zwar für alles zuständig, sucht sich seine Aufgabenschwerpunkte jedoch hauptsächlich da, wo die eigenen Interessen liegen. Unangenehme Aufgaben werden auf neue Mitarbeiter abgewälzt, die Führungskraft genießt nur formale Autorität, weil die Gruppe meist von einem langjährigen Leistungsträger als informellem »Platzhirsch« beherrscht wird. Neuerungen durchzusetzen ist fast unmöglich, weil die Art der Aufgabenerledigung auf langjähriger Routine und festgefügten Gewohnheiten beruht und Änderungen erst einmal erbittert bekämpft werden. In dieser Stufe sind die Ziele unscharf (*»Wir müssen unbedingt mehr verkaufen!«* oder *»die Reklamationsquote* *ist viel zu hoch!«)*, und daher weitgehend unverbindlich. Den Mitarbeitern sind die Leistungs- und Qualitätsstandards zwar bekannt, bieten aber höchstens Anlaß zu spaßigen Bemerkungen.

Da die Leistungen der Gruppe insgesamt jedoch im großen und ganzen den Anforderungen entsprechen, resignieren neue Führungskräfte meist nach den ersten vergeblichen Versuchen eines Neubeginns und lassen den Dingen ihren Lauf.

Diese Form der Selbstzufriedenheit und Unbeweglichkeit ist das größte Hindernis für die Neuorientierung eines Hauses in Richtung Markt und Kundenbezug. Da die vorhandenen Schwächen mehr im »Untergrund« wirken und daher nicht deutlich hervortreten und auch die Führungskraft meist nach einer gewissen Zeit anfängt, sich die Einstellung ihrer Mitarbeiter anzueignen und sich mit ihnen zu solidarisieren, wird es nur mit massiver zentraler Unterstützung möglich sein, »frischen Wind« in eine solche Gruppe hineinzubringen.

Die beste Möglichkeit ist, über Einzelprojekte mit externer Unterstützung (Wertanalyse-Untersuchungen, Qualitätszirkel usw.) zunächst einmal zu versuchen, verkrustete Strukturen aufzubrechen und das Verständnis der Mitarbeiter für den fachübergreifenden Ablauf der Geschäftsprozesse und die Bedeutung der Wertschöpfung im Dienstleistungsbereich zu wecken.

Im Filialbereich könnte z. B. in einem Workshop mit Filialleitern und Mitarbeitern der Prototyp einer Musterfiliale entwickelt werden, die aber immer noch genügend Raum für die Ausprägung örtlicher Besonderheiten (oder was dafür gehalten wird) läßt.

Durch die Diskussion der Fragen:
- Was ist eigentlich unsere Aufgabe?
- Wer sollte für was Verantwortung übernehmen?
- Was müssen wir organisieren, und wo improvisieren wir besser?

entsteht ein neues Verständnis für ablauforganisatorische und strukturelle Notwendigkeiten. Zwangsläufig ergibt sich daraus die Frage nach der Existenzberechtigung jedes Mitarbeiters und jeder organisatorischen Einheit in einem Dienstleistungsunternehmen: **Welchen Beitrag leisten wir zur Wertschöpfung, und welchen Anlaß bieten wir unseren Kunden und Leistungs-**

**abnehmern, unsere Leistungen denen des Wettbewerbs vorzu-
ziehen?** Weitere Fragestellungen wie

- Wer sind eigentlich unsere Kunden?
- Wer sind unsere Konkurrenten?
- Was können unsere Konkurrenten besser als wir?
- Worin liegen unsere Stärken?
- Welche Schwächen haben wir?

führen zu dem berühmten »unternehmerischen Denken«, das ja
nichts anderes ist, als die Anwendung gesunden Menschenver-
standes. Und sie führen zu der Erkenntnis, daß der erklärte
Zwang zu Veränderungen und Verbesserungen nicht der Selbst-
befriedigung unterbeschäftigter Stabsmitarbeiter dient, sondern
von existentieller Bedeutung für eine erfolgreiche Zukunft ist.

3.7.2 Unterstützung des Teamentwicklungsprozesses

Eine kurzfristige Verbesserung der Teamarbeit ist ohne Unterstützung kaum möglich. Teamentwicklung setzt eine Bewußt-
seinsänderung bei Führungskräften und Mitarbeitern voraus,
die normalerweise nur durch ein entsprechendes Seminar ange-
stoßen und unterstützt werden kann. Wie immer muß zunächst
einmal bei den Führungskräften begonnen werden.

Inhalte eines solchen Seminares für Führungskräfte könnten
sein:

- die Zusammensetzung von Teams,
- die Phasen der Teamentwicklung,
- die Rolle der Führungskraft,
- kooperatives Führungsverhalten im Team,
- die Moderation einer Gruppe,
- die Bewältigung von Konflikten.

Als nächstes müssen die Mitarbeiter als die wichtigsten Träger
des Teamentwicklungsprozesses eingebunden werden. Eine
Möglichkeit ist, für das gesamte Team einschließlich Führungskraft ein (zweitägiges) Seminar mit Workshop-Charakter durchzuführen, indem einerseits der Entwicklungsstand des Teams
aufgezeigt und andererseits denkbare Vorgehensweisen diskutiert und erarbeitet werden.

Teamtrainings können nicht nach einem vorgegebenen Standardprogramm durchgeführt werden. Die einzelnen Zielsetzungen und Inhalte werden unter Berücksichtigung der individuellen Gegebenheiten mit dem Auftraggeber und dem jeweiligen Team abgesprochen.

Schritte	Inhalt
1 **Gespräch mit der Führungskraft**	– Abstecken des Rahmens und der Zielsetzung – Problembeschreibung – Erwartungen
2 **Interviews mit den Betroffenen**	– persönliche Sicht der Probleme – Erwartungen und Befürchtungen
3 **Auswerten der Interviews und Ableiten der Trainingsziele**	**Trainingsinhalte:** *Geschäftsprozeßebene:* – z. B. Verbesserung interner Zuständigkeiten, Arbeitsabläufe, Aufgabenverteilung, Zielvereinbarungen *Beziehungsebene:* – z.B. interne Spielregeln, Normen und Rollenerwartungen, Kommunikation und Kooperation untereinander
4 **Durchführung des Trainings und Vereinbarung eines Aktionsplans**	Workshop
5 **Check-up-Termin mit Erfolgskontrolle**	– Sind die Maßnahmen aus dem Aktionsplan umgesetzt? – Welche Rückschläge sind eingetreten? – Was kam unter dem Strich heraus? – Was sind unsere nächsten Ziele?

Abbildung 31   Ablaufschritte eines Teamtrainings

Diese Art von Teamtrainings haben sich als eine äußerst effiziente Methode erwiesen, um für spezielle Problemfelder in Abteilungen und Filialen das Lernen am Arbeitsplatz zu instrumentalisieren. Die Umsetzung der Trainingsinhalte wird jedoch maßgeblich von der begleitenden Unterstützung durch die Führungskraft getragen. Daher müssen auch die Führungskräfte ggf. durch einen Coach im Sinne der »Hilfe zur Selbsthilfe« unterstützt werden.

3.7.3 Stolpersteine auf dem Weg zum Team

Eines der Haupthindernisse zu echter Teamarbeit, wir haben mehrfach schon darauf hingewiesen, liegt häufig in der Person der Führungskraft selbst. Bei vielen, insbesondere älteren Führungskräften wird aus Angst vor Autoritätsverlust, Unruhe und »Unordnung« wenig Neigung bestehen, konsequente Teamarbeit zu praktizieren.

Daher ist es besonders wichtig, daß auch »von oben« Überzeugungsarbeit geleistet wird und vor allem durch eigenes Beispiel deutliche Signale gesetzt werden. **Die Bewertung von Teamleistungen, die Anerkennung von Teamergebnissen sowie die Stärkung der Selbstverantwortung und des Selbstvertrauens der Teams müssen sichtbar gemacht werden.** Dabei sollte durch das Angebot geeigneter Seminare in der Vorbereitungs- und Startphase sowie durch begleitende Maßnahmen in der praktischen Umsetzung sichergestellt werden, daß den Führungskräften jederzeit eine kompetente Anlaufstelle zur Klärung aufgetretener Sachfragen und Probleme zur Verfügung steht.

Ein weiterer Stolperstein ist die Kommunikation untereinander. Eine »Streitkultur« zu pflegen und die Fähigkeit, sich einerseits kontrovers auseinanderzusetzen ohne zu verletzen, andererseits aber auch kritische Beiträge anderer nicht als persönliche Angriffe zu werten, sind wichtige Elemente leistungsorientierter Teamarbeit. Leider wird erst in jüngster Zeit in Schulen und Universitäten verstärkt soziale Kompetenz vermittelt, so daß derzeit noch die betriebliche Personalentwicklung gefordert ist, Angebote zur Vermittlung dieser Fähigkeiten zu unterbreiten.

Diejenigen, die den kurvenreichen und steinigen Weg der Teamentwicklung gegangen sind, werden ihn nicht bereuen. Sie werden feststellen, daß gute Leistungen, motivierte Mitarbeiter und ein positives Arbeitsklima an seinem Ende stehen. Natürlich werden nicht alle Teams Höchstleistungen vollbringen. Aber es ist immer wieder faszinierend, festzustellen, *was* manche Teams tatsächlich zu leisten imstande sind!

3.8 Outplacement

Unter Outplacement ist ein vom Betrieb getragenes Programm zu verstehen, das gekündigte Mitarbeiter (vor allem der mittleren Führungsebene) bei der praktischen und mentalen Bewältigung der Trennung vom Unternehmen sowie bei der Suche nach einer neuen Beschäftigung unterstützt.

Während die Großbanken bereits angefangen haben, Personal in ganz erheblichem Umfang abzubauen, ist dies bei Genossenschaftsbanken und Sparkassen immer noch eine rein akademische Erörterung. In Gesprächen mit Vorständen trifft man zwar durchweg auf die Erkenntnis, daß der Kosten- und Leistungsdruck auch in diesen Bankengruppen in den kommenden Jahren zu einschneidenden Maßnahmen zwingen wird: Menschliche Arbeitskraft wird in noch weit stärkerem Maße durch Technik ersetzt werden müssen, als das bisher schon geschehen ist, und Mitarbeiter, deren Leistungsfähigkeit oder Leistungsbereitschaft nicht ausreicht, um notwendige Veränderungen im Marktverhalten mitzutragen, müssen ausgetauscht werden. Nur – langfristig angelegte und schlüssige Konzepte, wie dieser personalpolitischen Herausforderung begegnet werden kann, sind immer noch absolute Mangelware.

Hinzu kommt, daß es, insbesondere in Sparkassen, (bedingt durch den öffentlich-rechtlichen Charakter ihrer Beschäftigungsverhältnisse und mächtige Personalräte) als nahezu unmöglich angesehen wird, einen – womöglich langjährigen – Mitarbeiter zu entlassen. Spätestens aber, wenn die »Naturschutzgebiete« (Rechnungswesen, Zahlungsverkehr, Innenrevision etc.), in die man heute noch in seiner Ratlosigkeit leistungsschwache Mitarbeiter abzuschieben pflegt (zum Leidwesen der dortigen Leistungsträger), endgültig überfüllt sind, wird man sich ernsthaft überlegen müssen, welche Möglichkeiten offenstehen, um sich von einem Mitarbeiter auf sozial vertretbare und menschlich anständige Art und Weise zu trennen.

Eine Kündigung auszusprechen, darf immer nur letztes Mittel zur Wahrung der Interessen eines Betriebes sein, wenn alle anderen Möglichkeiten, vom Angebot für Qualifizierungsmaßnahmen bis zur Vorruhestandsregelung, ausgeschöpft sind, denn ein

Betroffener wird dadurch fast immer in eine existentielle Krise gestoßen:

– Er sieht sich mit dem Stigma des Versagers behaftet, fürchtet die Häme seiner Mitarbeiter und Kollegen und einen Gesichtsverlust im privaten Bereich, bei Familie, Freunden und Bekannten.
– Er steht, sollte es ihm nicht schnellstens gelingen, einen neuen Arbeitsplatz zu finden, vor erheblichen finanziellen Problemen.

Entsprechend fallen dann auch die Reaktionen aus. Nicht selbstkritische Einsicht, sondern Wut und Empörung stehen im Vordergrund. Folglich wird in der Regel auch viel Porzellan zerschlagen und schmutzige Wäsche gewaschen.

Es liegt eindeutig im Interesse des Unternehmens, eine nicht mehr abzuwendende Trennung von einem Mitarbeiter für beide Seiten so reibungslos wie irgend möglich zu gestalten. (Wobei hier selbstverständlich nicht von Mitarbeitern die Rede ist, denen grobe Fahrlässigkeit oder bewußte Manipulation unterstellt werden muß.) Nicht nur, um in der noch verbleibenden Zeit eine Vergiftung des Arbeitsklimas und Kurzschlußhandlungen des »Geschassten« zu Lasten des Arbeitgebers zu verhindern, sondern auch, weil die verantwortlichen Führungskräfte häufig genug ein gerütteltes Maß an Mitschuld an der entstandenen Situation tragen: Ein Mitarbeiter, der über Jahre hinweg ohne erkennbare Konsequenzen wirklich schlechte Leistungen erbringt, wird kaum in der Lage sein, ein Unrechtsbewußtsein zu entwickeln, und auch keinen Anlaß sehen, sein Verhalten zu ändern. Und Führungskräfte, die dem tatenlos zusehen, müssen sich wohl zu Recht den juristischen Tatbestand der »billigenden Inkaufnahme« vorwerfen lassen.

Outplacement als eigenständige Beratungsleistung wurde in Amerika aus der Erkenntnis heraus entwickelt, daß Mitarbeiter, und hier vor allem Führungskräfte, von denen man sich im Unfrieden getrennt hat, ihren ehemaligen Arbeitgebern erheblichen Schaden zufügen können: Durch Negativpropaganda, durch die Weitergabe von Insiderwissen, aber vor allem dadurch, daß sie bei ihrem neuen Arbeitgeber aus Groll den Aufbau oder die Weiterführung geschäftlicher Kontakte zu ihrer alten Firma torpedieren. Man sagte sich, daß der mit einer Outplacement-Beratung verbundene Aufwand letztlich immer noch billiger ist als eine

Rufschädigung in der Öffentlichkeit oder womöglich sogar der Verlust von lukrativen Geschäftsverbindungen.

Kreditinstitute leben von ihrem makellosen Ruf in der Öffentlichkeit und sind eng in die sozialen und wirtschaftlichen Strukturen ihres Geschäftsgebietes eingebunden. Sie können es sich kaum leisten, zum Gegenstand von Angriffen zu werden, die ihre Seriosität und moralische Integrität in Frage stellen, zumal die veröffentlichte Meinung leider oft genug um eines saftigen »Skandälchens« willen seriöse Recherche hintanzustellen geneigt ist (*»Bank feuert tüchtigen und allseits beliebten Filialleiter«*).

Es geht aber vor allem auch um die Mitarbeiter. Ihnen über den Schock einer Kündigung hinweg zu helfen, sie bei der Suche nach einem neuen Arbeitsplatz zu beraten und zu unterstützen und ihnen auf diesem Wege einen möglichst reibungslosen Übergang in einen neuen Lebensabschnitt zu ermöglichen, sollte nicht nur das Ziel einer auf Konsens und gegenseitigem Vertrauen aufbauenden Personalpolitik sein, sondern ist auch Ausweis sozialer Verantwortung denjenigen Mitarbeitern gegenüber, die, aus welchen Gründen auch immer, dem Leistungskanon des Hauses nicht (oder nicht mehr) gewachsen sind.

Outplacement-Beratungen werden von *unabhängigen* Spezialisten durchgeführt, die im Rahmen ihres Auftrages als »ehrliche Makler« sowohl die Interessen des Unternehmens als auch diejenigen der Mitarbeiter vertreten. Der Berater macht dem Betroffenen vor allem deutlich, daß eine Kündigung kein genereller Ausweis des Versagens ist, sondern lediglich der Vollzug der Erkenntnis, daß *dieses* Unternehmen und *dieser* Mitarbeiter nicht zusammenpassen. Er ist ihm behilflich, seine Selbstachtung und sein Selbstvertrauen wieder zu finden, seine Schwächen und vor allem seine Stärken zu erkennen und eine positive Einstellung zu seiner Zukunft zu gewinnen. Er berät und unterstützt ihn bei der Formulierung von Bewerbungsschreiben und bereitet ihn auf Vorstellungsgespräche vor.

Das alles ist nicht billig – vielleicht einer der Gründe, warum sich Outplacement als Beratungsleistung bisher in mittelständischen Kreditinstituten nicht durchsetzen konnte. Man sollte jedoch bedenken, daß jahrelanges »Durchschleppen« nicht benötigter Mitarbeiter und unappetitliche Auseinandersetzungen im Rahmen von Kündigungsprozessen im Endeffekt deutlich mehr kosten – ganz abgesehen von den negativen Auswirkungen auf die Motivation der übrigen Mitarbeiter und das gesamte Arbeitsklima des Hauses.

1. Die Legitimation der Personalentwicklung ergibt sich ausschließlich aus dem Ressourcenbedarf der strategischen Unternehmensplanung.
Durch die rasante Entwicklung der Informationstechnologie und Telekommunikation sowie durch die notwendige Neugestaltung der Geschäftsprozesse werden sich zukünftig die Anforderungen an Führungskräfte und Mitarbeiter, aber auch an die Personalentwickler, drastisch verändern.

Die Forderung nach mehr Qualität und Produktivität bei sinkenden Beschäftigtenzahlen erzeugt Widerstand bei Mitarbeitern und Führungskräften, die den Wandel als Bedrohung empfinden. Dieser Widerstand muß überwunden werden, denn die Herausforderungen der Zukunft können nicht *gegen* die Mitarbeiter, sondern **nur im Zusammenwirken mit ihnen** erfolgreich umgesetzt werden.

2. Führungskräfte und Mitarbeiter müssen *rechtzeitig* für eine erfolgreiche Gestaltung des Wandels qualifiziert werden.
Eine gezielte, auf die Wünsche und Bedürfnisse der Kunden (und nicht der Organisation) ausgerichtete Aus- und Weiterbildung bildet die Basis der Personalentwicklung. Führungskräfte entwickeln sich, unterstützt von Personalentwicklern und externen Beratern, zu Moderatoren und Coaches, während die Mitarbeiter selbständig und eigenverantwortlich die Erfüllung der Sachaufgaben sicherstellen.

Um einen Investitionsstau zu vermeiden, sind Investitionen nicht nur in die ständige Modernisierung der technischen Einrichtungen, sondern mindestens in gleichem Umfang auch in das »upgrading« der personellen Ressourcen zu tätigen.

3. In dezentral organisierten Banken muß auch die Personalverantwortung dezentralisiert werden.
Dezentrale Ergebnisverantwortung darf nicht durch zentrale Personalarbeit ausgehebelt werden, zumal das Personal und die Per-

sonalkosten als entscheidende Ergebnisfaktoren dezentraler Einheiten zu gelten haben.

Dazu gehört aber auch, daß kritische Personalgespräche, in denen es um unbefriedigende Leistungen oder Hinweise zu auffallenden Verhaltensweisen geht, nicht an den Personalbereich abgeschoben, sondern ausschließlich von den verantwortlichen Führungskräften vor Ort geführt werden. Ebenso wie Einstellungsgespräche, Entscheidungen in Fragen der Vergütung sowie der Aus- und Weiterbildung im Rahmen der Förderung und Entwicklung der zugeordneten Mitarbeiter.

Hierfür benötigen die Führungskräfte Unterstützung, vorzugsweise durch Zuordnung erfahrener Personalentwickler zu den einzelnen Geschäftsbereichen im Rahmen eines zeitlich befristeten Entwicklungsprogramms.

4. Karrieren werden nicht nur vertikal, sondern vermehrt horizontal verlaufen.

Mit dem Begriff »Karriere« verbinden viele noch einen möglichst schnellen und steilen Aufstieg in der Hierarchie des Unternehmens. Hier ist inzwischen ein Umdenken im Sinne der angelsächsischen *career*, die sich mit dem sehr viel neutraleren Begriff *berufliche Laufbahn* übersetzen läßt, erforderlich.

In Zukunft müssen horizontale Laufbahnen entwickelt und aufgezeigt werden, die den Mitarbeitern in den unterschiedlichsten Fachbereichen nicht nur interessante und erstrebenswerte Entwicklungsmöglichkeiten bieten, sondern darüber hinaus den Unternehmen zu einer wesentlich stärkeren personellen Flexibilität als in der Vergangenheit verhelfen.

5. Unterschiedliche Aufgaben erfordern unterschiedliche Qualifikationen.

In dem Maße, wie sich durch Kundensegmentierung, Bildung von Teilmärkten und Differenzierung der Vertriebswege der Marktbezug in den Banken auf eine völlig neue Basis stellt, wird sich auch das Wissen und Können der Mitarbeiter neu orientieren müssen.

Unterschiedliche Qualifikationen, wie innerhalb der Organisation erarbeitetes bankspezifisches Fachwissen (Fachlehrgang, Lehrinstitut, ADG usw.) einerseits und über andere Bildungseinrichtungen oder durch Erfahrung und Praxis erworbene kommunikative und verkäuferische Fähigkeiten andererseits, müssen zukünftig *gleichwertig* nebeneinander aufgebaut, entwickelt und auch gleichwertig **honoriert** werden.

6. Vom Lernen auf Vorrat zum Lernen »just in time«

Viele Entscheidungsträger sind heute noch der Meinung, gute Personalentwicklung bestehe darin, die Mitarbeiter so viele Lehrgänge wie möglich absolvieren zu lassen. (»*Wir haben die höchste FL-Quote in der Region!*«). Dabei wird meist verkannt, daß nicht pure Anhäufung von trockenem und meist vergangenheitsbezogenem Fachwissen, sondern die Fähigkeit der Mitarbeiter, sich ständig neu zu orientieren, neue Entwicklungen zu erkennen und aus den **Forderungen täglicher Problemlösung** heraus zu lernen, gefordert ist.

Nicht was jemand vor fünf, zehn oder zwanzig Jahren einmal gelernt hat, sondern die *permanente* Informationsaufnahme zur Erweiterung seines Wissens- und Erfahrungsstands entscheiden über seinen Nutzen für die Bank – und damit über seinen beruflichen Erfolg.

Anforderungsprofile und Entwicklungsprogramme helfen dabei, eine zielorientierte Personalentwicklung zu betreiben, weg vom Bauchladen mit beliebigem Seminarangebot und sozialer Ausrichtung (wer Wohlverhalten geübt hat, darf auf irgend ein nettes Seminar), hin zu einer wirtschaftlichen und bedarfsgerechten Bildungsarbeit.

7. Vom Einzelkämpfer zum Team

Die Zukunft wird ohne den Aufbau von Hochleistungsteams in allen Bereichen der Bank nicht erfolgreich zu bewältigen sein.

Die heute noch überall anzutreffenden hierarchischen Strukturen fördern eher Einzelkämpfertum als teamorientiertes Denken. Belohnungs- und Sanktionsmechanismen, die ausschließlich auf das Individuum abgestellt sind, erschweren darüber hinaus die Teambildung. Teams und ihre Mitglieder brauchen andere Steuerungsinstrumente und eine neue Form der Führung. (Wobei das bloße Umbenennen von »klassischen« Arbeitskreisen in Projektteams noch keine echte Leistungsverbesserung hervorbringt.)

Der Aufbau und die Entwicklung von Teams sowie deren Integration in die Unternehmensstruktur wird daher zur zentralen Herausforderung der Unternehmensentwicklung. Sie erfordert Mut, einen langen Atem und bedarf meist auch professioneller Unterstützung.

8. Lernort ist immer mehr der Arbeitsplatz.

Lernen muß dort passieren, wo etwas passiert. Diese Feststellung verlangt die Abkehr von klassischen Schulungsveranstaltungen, bei denen mit erheblichem Organisations- und Sachaufwand erfahrungsgemäß nur ein sehr eingeschränkter Lerntransfer stattfindet. Der Grundsatz muß lauten:

Lernen findet so arbeitsplatznah wie möglich und nur so zentral wie nötig statt. Auch um der Möglichkeit willen, jeweils das gesamte Team in den Lernprozeß einbinden zu können!

Während sich die Vermittlung rein fachlicher Inhalte außerhalb zentraler Bildungseinrichtungen zunehmend auf die eigenverantwortliche Nutzung multimedialer Instrumente durch die Mitarbeiter konzentriert, verschieben sich die Schwerpunkte betrieblicher Förderung mehr in Richtung verhaltensorientierter Weiterbildungsmaßnahmen vor Ort durch erfahrene Trainer und Führungskräfte.

Literatur

Becker, Hermann
Führung, Motivation und Leistung: Erfolg durch professionelle Mitarbeiterführung, Düsseldorf 1990
Berkel/Herzog/Schmid
Mitarbeiterbeurteilung als Führungsaufgabe, Wiesbaden 1987
Blake, Robert R./Mouton, Jane S.
The managerial grid, Houston 1964
Blake, Robert R./Mouton, Jane S.
Führungsstrategien, Landsberg/Lech 1986
Breisig, Thomas
It's Team Time: Kleingruppenkonzepte in Unternehmen, Köln 1980
Crosby, P.
Qualität bringt Gewinn, Hamburg u. a. 1986
DIN EN ISO 9000-1
Qualitätsmanagement und Elemente eines Qualitätsmanagementsystems, Berlin 1984
Evers, Jan
Beratungsqualität von Banken: Empirische Studie, Hamburg 1995
Heitmüller/Linneweh/Pächnatz
Führungskultur ganzheitlich entwickeln, Stuttgart 1995
Heller, Robert
The Quality Makers: Die Wegbereiter der europäischen Qualitätsrevolution und ihre Konzepte, Zürich 1993
Herd, Helge
Die Führungskräfte im Qualitätsmanagement, in: Handbuch für Qualitätsmanagement in Sparkassen und Banken, Stuttgart 1995
Herzberg, F./Mausner, B./Synderman, B.
The motivation to work, New York 1959
Höhn, E./Schick, C. P.
Das Soziogramm, Göttingen 1980
Imai, Masaaki
KAIZEN: Der Schlüssel zum Erfolg der Japaner im Wettbewerb, Berlin u. a., 2. Aufl. 1993
Jacobi, Jens-Martin
Qualität im Wandel: Qualitätsmanagement als Führungs- und CI-Konzept, Stuttgart, 2. Aufl. 1996
Katzenbach, Jon R./Smith, Douglas K.
TEAMS: Der Schlüssel zur Hochleistungsorganisation, Wien 1993
Küchle, Erwin
Menschenkenntnis für Manager: Der Schlüssel zum anderen, München 1985
Maslow, A. H.
Motivation and Personality, New York 1954

McGregor, D.
The human side of Enterprise, New York 1960
Mentzel, Wolfgang
Unternehmenssicherung durch Personalentwicklung, Freiburg i. Br., 6. Aufl. 1994
Odiorne, George S.
Führung durch Vorgabe von Zielen, München 1967
Olesch, Gunther
Praxis der Personalentwicklung, Heidelberg, 2. Aufl. 1992
Peters, Thomas J./Waterman, Robert H.
Auf der Suche nach Spitzenleistungen, Landsberg/Lech, 8. Aufl. 1984
Rahn, Horst-Joachim
Betriebliche Führung, Ludwigshafen 1990
Rahn, Horst-Joachim
Führung von Gruppen, Heidelberg 1992
Rieker, Jochen
Gute Noten: Mitarbeiter zensieren ihre Vorgesetzten, in: Manager Magazin 9/1994
Rieker, Jochen
Norm ohne Nutzen?, in: Manager Magazin 12/1995
Rommel, Manfred
Wir verwirrten Deutschen: Betrachtungen am Rande der großen Politik, Stuttgart 1986
Schneck, Ottmar
Management-Techniken: Einführung in die Instrumente der Planung, Strategiebildung und Organisation, Frankfurt u. a. 1995
Seghezzi, Hans Dieter
Integriertes Qualitätsmanagement: Das St. Gallener Konzept, München u. a. 1996
Sprenger, Reinhard K.
Mythos Motivation, Frankfurt u. a. 1994
Sprenger, Reinhard K.
Das Prinzip Selbstverantwortung, Frankfurt u. a. 1995
Steinle, Claus
Führung: Grundlagen, Prozesse und Modelle der Führung in der Unternehmung, Stuttgart 1978
Turbanisch, Ines (Hrsg.)
Effizienz in der Personalentwicklung, Stuttgart 1994
Waterman, Robert
Die neue Suche nach Spitzenleistungen: Erfolgsunternehmen im 21. Jahrhundert, Düsseldorf 1994
Werner, Patricia
100 Banken im STERN-Text, in: STERN, Hamburg Nr. 40/95

Stichwort- und Personenverzeichnis

Ulrike Reisach
Bankunternehmensleitbilder und Führungsgrundsätze –
Anspruch und Wirklichkeit
ISBN 3-09-305 825-2, Artikel-Nr. 305 825 000

Ines Turbanisch (Hrsg.)
Effizienz in der Personalentwicklung
ISBN 3-09-305 837-6, Artikel-Nr. 305 837 000

Heitmüller/Linneweh/Pächnatz
Führungskultur ganzheitlich entwickeln
2. Aufl. 1996, ISBN 3-09-305 855-4, Artikel-Nr. 305 845 000

Benölken/Winkelmann (Hrsg.)
Fusionsmanagement in der Kreditwirtschaft
ISBN 3-09-305 826-0, Artikel-Nr. 305 826 000

Jens-Martin Jacobi
Kontinuierlich verbessern. Das Betriebliche Vorschlagswesen
im Qualitätsmanagement
ISBN 3-09-305 848-1, Artikel-Nr. 305 848 000

Matthias Krause
Ordnung ohne Plan: Die informale Organisation in der Bank
ISBN 3-09-305 844-9, Artikel-Nr. 305 844 000

Ralph Teuchert
Personalentwicklung und Beratung
ISBN 3-09-305 852-X, Artikel-Nr. 305 852 000

Klaus Rempe
Positives Mental-Training im Führungsalltag
ISBN 3-09-305 815-5, Artikel-Nr. 305 815 000

Klaus Rempe
Neue Wege der Selbstmotivation
3. Aufl. 1996, ISBN 3-09-305 810-4, Artikel-Nr. 305 804 000

Günter Wiswede
Psychologie im Wirtschaftsleben. Geld, Kunden und Mitarbeiter
aus psychologischer Sicht
2. Aufl., ISBN 3-09-305 872-4, Artikel-Nr. 305 819 000

Müller/Guigas
Total Quality Banking
Artikel-Nr. 305 839 000 (Sonderausgabe für die Sparkassenorganisation)

Körner, Schmidt et al.
Unternehmensentwicklung durch Informationstechnologie
ISBN 3-09-305 843-0, Artikel-Nr. 305 843 000

Karl-Heinz List
Zukunftsmodell Partnerschaft. Untergebene werden Mitarbeiter
ISBN 3-09-305 847-3, Artikel-Nr. 305 847 000

Diedrich, Vogt et al.
Handbuch Qualitätsmanagement für Sparkassen und Banken
ISBN 3-09-305 850-3, Artikel-Nr. 305 850 000

Jens-Martin Jacobi
Qualität im Wandel. Qualitätsmanagement als Führungs- und CI-Konzept
2. Aufl. 1996, ISBN 3-09-305 914-7, Artikel-Nr. 305 813 000

Klaus Linneweh
Streßmanagement. Der erfolgreiche Umgang mit sich selbst
ISBN 3-09-305 865-1, Artikel-Nr. 305 865 000

Heinz Mölder (Hrsg.)
Innovationen umsetzen. Erfolg durch Projektmanagement
ISBN 3-09-305 866-X, Artikel-Nr. 305 866 000

Herd/Bärtele
Markt und Mitarbeiter. Teamorientierte Personalentwicklung
ISBN 3-09-305 867-8, Artikel-Nr. 305 867 000

Theo Waigel (Hrsg.)
Unsere Zukunft heißt Europa. Der Weg zur Wirtschafts- und Währungsunion
Artikel-Nr. 305 875 000 (Sonderausgabe für die Sparkassen-Finanzgruppe)

Ulrike Reisach
Bankunternehmensleitbilder
und Führungsgrundsätze –
Anspruch und Wirklichkeit

Recht
Wirtschaft
Finanzen

Deutscher
Sparkassenverlag

Management

Die Autorin untersucht die Leitbilder und Führungsgrundsätze der 15 größten Kreditinstitute und vergleicht die Ansprüche, die hier erhoben werden, mit dem Grad der Realisierung. Aus den Ergebnissen entwickelt sie Ansätze einer markt- und mitarbeiterorientierten Bankunternehmensphilosophie. Die zentralen Leitbildaussagen sind in einem Anhang abgedruckt.
Die der Arbeit zugrundeliegende Dissertation wurde mit Wissenschaftspreisen im In- und Ausland ausgezeichnet. Die Publikation im Sparkassenverlag wurde unter den Aspekten Praxisbezug, Umsetzbarkeit und Aufzeigen von Entwicklungsperspektiven umfassend überarbeitet.

Markt- und Mitarbeiterorientierung

Ulrike Reisach
Bankunternehmensleitbilder
und Führungsgrundsätze
– Anspruch und Wirklichkeit
Personalwirtschaftliche Ansätze zu
einer ganzheitlichen Bankunternehmens-
philosophie
Reihe Recht, Wirtschaft, Finanzen,
Abt. Management
1994, 288 S. DIN A 5, geb.
Artikel-Nr.: 305 825 000
Preis: 39 DM* (für Mitarbeiter
der Sparkassenorganisation)
64 DM im Buchhandel
ISBN 3-09-305825-2

* Preis zuzüglich Versandkostenanteil und 7 % Mehr-
  wertsteuer

Deutscher Sparkassenverlag
Unternehmen
der ⑤Finanzgruppe